ADOLPHE JOANNE

GÉOGRAPHIE

DE

L'AVEYRON

14 gravures et une carte

HACHETTE ET Cie

GÉOGRAPHIE

DU DÉPARTEMENT

DE L'AVEYRON

AVEC UNE CARTE COLORIÉE ET 14 GRAVURES

PAR

ADOLPHE JOANNE

AUTEUR DU DICTIONNAIRE GÉOGRAPHIQUE ET DE L'ITINÉRAIRE
GÉNÉRAL DE LA FRANCE

———

PARIS

LIBRAIRIE HACHETTE ET Cie

79, BOULEVARD SAINT-GERMAIN, 79

1881

TABLE DES MATIÈRES

DÉPARTEMENT DE L'AVEYRON

LISTE DES GRAVURES

Imprimerie A. Lahure, 9, rue de Fleurus, à Paris.

DÉPARTEMENT

DE L'AVEYRON

I. — Nom, formation, situation, limites, superficie.

Le département de l'Aveyron doit son *nom* à l'une de ses rivières, l'Aveyron, qui le traverse du nord-est au sud-ouest.

Il a été formé, en 1790, du **Rouergue**, province qui était rattachée administrativement à la Guienne.

Situé dans la région méridionale de la France, il est compris entre le 43°,41' et le 44°,50' de latitude nord, et entre 1°,7' de longitude est et 0°,27' de longitude ouest. Il est donc sensiblement plus rapproché de l'Équateur que du Pôle, séparés par 90 degrés. Le méridien de Paris passe à l'ouest de Rodez, sur le territoire des communes d'Escandolières, Belcastel, Colombiès et Naucelle. Rodez, chef-lieu du département, est à 663 kilomètres de Paris par le chemin de fer, à 505 seulement à vol d'oiseau.

L'Aveyron est séparé de la Méditerranée par le département de l'Hérault ; de la frontière espagnole, par le Tarn, l'Aude et les Pyrénées-Orientales ; de l'Océan, par le Lot, Lot-et-Garonne et la Gironde ; de la frontière italienne, par la Lozère, le Gard, Vaucluse et les Basses-Alpes ; de Paris, par le Cantal, le Puy-de-Dôme, l'Allier, le Cher, le Loiret, Seine-et-Oise et la Seine.

Il est *borné* : au nord, par le département du Cantal ; à l'ouest, par ceux du Lot et de Tarn-et-Garonne ; au sud, par ceux du Tarn et de l'Hérault; à l'est, par le Gard et la Lozère.

Les limites naturelles du département sont formées : au nord et au nord-ouest, par la Truyère sur environ 7 kilomètres, par le Brézons sur 8, par l'Hirondel sur 6, par le Goul sur 16, et par le Lot sur environ 35; à l'ouest, par le Viaur sur 34 kilomètres; au sud, par le Tarn sur 5, et par l'Orb sur 8; à l'est, par la Virenque sur 4, par la Dourbie aussi sur 4, par la Jonte sur 12, par le Rancé sur 10, par le Tarn sur 4, etc.; et, sur certains autres points, par des crêtes de montagnes. Partout ailleurs les limites sont conventionnelles, c'est-à-dire tracées à travers champs et non formées par des obstacles naturels.

La *superficie* du département est de 874,333 hectares; sous ce rapport, c'est le 6e département de la France. Sa plus grande *longueur*, du nord au sud, de l'extrémité septentrionale de la commune de Thérondels à l'extrémité méridionale de celle de Mélagues, est, en ligne droite, de 135 kilomètres; dans le sens opposé, de l'est (commune de Veyreau) à l'ouest (commune de Saint-André), la distance est de 108 kilomètres en ligne directe. Le *pourtour* du département est d'environ 500 kilomètres, si l'on ne tient pas compte d'une foule de sinuosités de peu d'importance.

II. — Physionomie générale.

Le département de l'Aveyron se trouve sur la ligne de partage des eaux entre le versant de l'Océan et celui de la Méditerranée. Il est dominé : au nord, par les montagnes du Cantal ; à l'est, par les Cévennes; au sud, par les montagnes de Lacaune, tandis qu'à l'ouest son territoire est incliné vers les plaines de l'Albigeois et du Quercy. Dans son ensemble, l'Aveyron est une série de plateaux d'une altitude inégale, plus déprimés vers le centre et vers l'ouest qu'au nord et au sud. Ces plateaux, qui ont reçu des noms divers, — *segalas* (granitiques ou schisteux), *causses* (calcaires), — sont séparés les uns des autres par des vallées qui les coupent en général de l'est à l'ouest, ou par diverses chaînes de montagnes qui semblent se détacher en éventail des cimes de la Lozère, pour se diriger vers la frontière occidentale du département.

D'après M. l'abbé Ferral (*Géographie de l'Aveyron*), le département peut être divisé en trois régions : la région des montagnes, celle des plateaux et celle des vallées.

La chaîne de montagnes la plus importante, la chaîne des **monts d'Aubrac**, dont une portion porte le nom de *Viadène* et qui se relie aux montagnes de la Margeride (Lozère), est orientée du sud-est au nord-ouest. Ses sommets, d'origine volcanique et composés en général de roches primitives (gneiss et micaschistes) où se rencontrent d'importantes coulées de basalte (surtout entre Lacalm et Saint-Chély), sont séparés les uns des autres par des précipices ; de vastes et frais pâturages couvrent leurs pentes, sur lesquelles 40,000 moutons et 30,000 vaches du Bas Languedoc passent chaque année la saison d'été. Cette chaîne, dont l'altitude moyenne est de 1,100 mètres, a de nombreux sommets dépassant 1,300 mètres. C'est dans cette région, près du *Mailhebiau*, dont le sommet (1474 mètres) appartient à la Lozère, que se dressent les points culminants de tout le département, cimes de 1451 et 1447 mèt.; viennent immédiatement après *las Truques d'Aubrac* (1,442 mètres). Les vallées creusées sur les flancs boisés des monts d'Aubrac vont se terminer sur les bords de la Truyère et du Lot ; elles sont aussi resserrées et aussi sauvages que celles des massifs de la France centrale.

Du sud-est au nord-ouest, et se dirigeant vers la vallée du Lot, court une seconde chaîne, qui renferme un riche bassin houiller et qui se compose d'une série de petites collines boisées, séparées par des vallons.

La *chaîne centrale*, reliée au mont Lozère, qui s'élève entre l'Aveyron et le Tarn, pénètre dans le département à l'est de Séverac, et se divise en deux branches, au nœud de la *Tausque*. Ces branches s'appellent, la première chaîne du Levezou, la seconde chaîne des Palanges.

La chaîne du **Levezou**, nue, stérile, couverte de landes, suit la direction du Tarn, pour aller rejoindre, entre Saint-Sernin et Coupiac, les montagnes de l'Albigeois. Son point culminant est le *Signal du Pal* (1,116 mètres), qui domine la source du Viaur. Entre Saint-Bauzély et Salles-Curan se dressent des sommets dont l'altitude varie entre 1,089 et 1,099 mètres. A Millau, l'altitude est moindre : la belle cime du *Puech d'Ondon* n'a que 885 mètres. Les contre-forts que le Levezou envoie entre le Tarn, l'Aveyron et le Viaur descendent à 900 et même à 800 mètres. Les vallées qui coupent cette chaîne sont très profondes, aussi les bords du Viaur présentent-ils des paysages d'un grand caractère.

La *chaîne des Palanges*, qui forme un angle aigu avec le Levezou, s'éloigne de ce dernier en suivant la même direction que le cours de l'Aveyron, vers lequel elle s'abaisse brusquement, tandis qu'au sud elle projette ses contre-forts vers le Viaur, tout en se dirigeant vers Carcenac-Peyralès et Sauvensa, où elle se confond avec les ramifications extrêmes des montagnes d'Aubrac. L'altitude de cette importante ramification du Levezou, qui est de 1,029 mètres près de Lavaysse, de 804 mètres à Lagarde, de 811 à la Chapelle-Saint-Jean, à l'ouest de Rieupeyroux, n'atteint plus, lorsqu'elle rencontre l'Aveyron, que 400 à 450 mètres.

A l'extrémité méridionale du département, les Cévennes pénètrent sur le territoire de l'Aveyron ; du *pic de Saint-Amans-de-Mounis* (1,007 mètres), point le plus élevé de cette région, partent, à l'ouest, des contre-forts granitiques, séparés les uns des autres par de profondes vallées, qui se dirigent vers la Sorgues, le Dourdou et le Tarn. Peu de cimes de ce massif, même entre le Tarn et l'Agout, atteignent 1,000 mètres ; le *Merdeloux* (1,100 mètres), près de Coufouleux, est une exception ; l'altitude du plus grand nombre varie entre 800 et 900 mètres ; au nord de Camarès et de Belmont, les plus hauts sommets atteignent rarement 650 mètres.

La nature géologique des plateaux qui séparent ces

diverses chaînes est loin d'être semblable : les uns sont composés de terrains granitiques et schisteux ; les autres, entièrement calcaires, sont, pour cette raison, connus sous le nom de causses.

Les plateaux schisteux et granitiques s'étendent, au sud des monts d'Aubrac, jusqu'au confluent du Viaur et de l'Aveyron. C'est d'abord le plateau de la *Viadène*, entre la vallée de la Truyère et du Lot, et dont l'altitude moyenne est de 750 mètres ; puis celui de *Campuac* (altitude, 560 mètres), que la profonde vallée du Lot sépare du précédent ; celui de *Peyrusse et Lanuejouls* (450 mètres), entre le causse de Montbazens et celui de Villefranche ; le plateau de *Sanvensa* (450 mètres), que les gorges de l'Aveyron séparent du précédent ; enfin le plateau schisteux de **Ségala**, qui doit son nom au seigle qu'on y cultive. Ce dernier plateau, formé par une série de collines aux sommets aplatis, s'étend entre les Palanges au nord, le Levezou à l'est, le plateau de Sanvensa à l'ouest et le Tarn au sud.

Les **causses** (de *calx*, chaux) sont au nombre de six : le *causse de Villefranche* (altitude moyenne, 550 mètres), au sud du Lot et à l'ouest de l'Aveyron et de la Diège ; le *causse de Montbazens* (425 mètres) ; le *causse Central* (de 750 à 800 mètres), entre le Lot, l'Aveyron et le vallon de Marcillac, où il se termine brusquement. Le causse Central est un ensemble d'immenses plaines, arides, hérissées de rochers et où s'ouvrent, çà et là, des crevasses circulaires dans lesquelles s'engouffrent les eaux des pluies. Le *causse de Sauveterre* ou *de Sévérac* (de 550 à 905 mètres) est à l'est du Levezou ; le *causse Noir*, d'un aspect plus sauvage encore que le causse Central, est une forteresse naturelle défendue par des murs de rochers dominant les vallées de la Dourbie, de la Jonte et du Tarn. Enfin le **causse de Larzac**, entièrement plat et désert, est le plateau le plus remarquable peut-être de la France par son altitude (800 mètres) et par son étendue (120 kilomètres carrés) ; il est limité par la Dourbie, le Tarn, le Cernon et la Sorgue, qui baignent la base de ses escarpements gigantesques, dont les cimes s'élèvent, en général, à 400 mètres au-dessus du niveau des vallées qui l'isolent presque entièrement du reste du département.

III. — Cours d'eau.

Sauf quelques petits torrents de l'extrémité méridionale de l'Aveyron, qui descendent vers la Méditerranée par l'Hérault ou par l'Orb, tous les ruisseaux, toutes les fontaines du département s'écoulent dans un grand tributaire de l'Atlantique, la Garonne, par le Tarn et le Lot.

Versant de l'océan Atlantique. — La **Garonne** ne touche pas le département de l'Aveyron ; le point où ce fleuve s'en rapproche le plus, c'est-à-dire Toulouse, en est encore à 95 kilomètres.

La Garonne prend sa source dans les montagnes les plus hautes des Pyrénées, dominées par la Maladetta ou Néthou (3,404 mètres) ; sa vallée supérieure, le val d'Aran, bien que tournée vers la France, est une dépendance de l'Espagne. Grossie de la Neste, du Salat, elle baigne Toulouse, Agen, après avoir reçu le Tarn et le Gers, et enfin Bordeaux, où déjà elle porte de grands navires. Au confluent de la puissante Dordogne, elle prend le nom de **Gironde**, gagne l'Atlantique par un immense estuaire large de 13 kilomètres, et se termine à Royan. Cet estuaire compris, la Garonne a 650 kilomètres de cours dans un bassin de 8,180,000 hectares. Elle roule en moyenne par seconde, à Langon, 687 mètres cubes d'eau.

Le **Tarn**, une des plus grandes rivières du bassin de la Garonne et même de la France entière, a 375 kilomètres de cours, dont 101 dans le département de l'Aveyron, et un bassin de 1,400,000 à 1,500,000 hectares. Il prend son origine dans le département de la Lozère, par 1,550 mètres d'altitude, sur le versant méridional de la Lozère, à quelque distance en amont de la petite ville de Pont-de-Montvert. Au-dessus de Florac, il coule au fond de gorges d'une grande profondeur,

Millau.

creusées dans les causses du Gévaudan et s'y augmente de belles sources, pures et abondantes. Au confluent de la Jonte, le Tarn sort du long étranglement dans lequel il roulait ses eaux, et entre définitivement, par 338 mètres d'altitude, dans l'Aveyron, après lui avoir servi de limité. Il arrose le ravissant bassin de Millau, et, courant en serpentant dans des gorges, du nord-est au sud-ouest, baigne Rivière, la Cresse, Compeyré, Aguessac, Millau, Comprégnac; passe au nord de Saint-Rome-de-Tarn, arrose le Truel, Broquiès, Brousse, et entre dans le département du Tarn, par 222 mètres d'altitude, au confluent du Vialarou, en amont de Trébas. Le Tarn, dans le département auquel il a donné son nom, coule au fond de gorges tortueuses, profondes et rocheuses, dont les plus remarquables sont celles d'Ambialet. Les gorges se terminent à la cataracte du Saut de Sabo, où le niveau du Tarn s'abaisse de 16 mètres. La rivière entre ensuite dans la grande plaine de l'Albigeois, serpente dans une vallée large de 6 à 7 kilomètres, passe sous les ponts d'Albi et à Gaillac, pénètre, à Villemur, dans Tarn-et-Garonne, arrose Montauban, Moissac, et tombe dans la Garonne à 6 kilomètres au-dessous de cette ville, par 55 mètres d'altitude.

Le Tarn, remarquable par la limpidité de ses eaux, qui deviennent rougeâtres en temps de crue, débite, à son embouchure, de 20 à 25 mètres cubes par seconde à l'étiage, 18 seulement en aval du confluent de l'Agout, et plus de 6,500 en grande crue. Le Tarn est navigable du Saut de Sabo à la Garonne ; en réalité, la navigation est à peu près nulle.

Le Tarn, grossi par de belles sources et par quelques torrents en amont du département de l'Aveyron, a pour principaux affluents dans ce département : la Jonte, le Lemenson ou Lemensonesque, la Dourbie, le Cernon, la Muse, le Dourdou, l'Alrance, le Rancé et l'Aveyron, dont le cours supérieur seul appartient au département.

La *Jonte* (rive g.; 42 kilomètres) descend d'un contre-fort de l'Aigoual (Gard), forme la limite entre la Lozère et l'Aveyron, arrose une gorge pittoresque, aux magnifiques rochers

Roquefort.

ruiniformes, baigne Peyreleau et se jette dans le Tarn au Rozier.

Le *Lemenson* ou *Lemensonesque* (rive dr.; 15 kilomètres) descend du Levezou, passe à Verrières et tombe dans le Tarn à Aguessac.

La *Dourbie* (rive g.; 78 kilomètres) naît au pied de la montagne d'Aulas (Gard), passe dans le département de l'Aveyron en amont de Saint-Jean-du-Bruel, baigne Nant, se grossit du *Trevezet*, du torrent de *Garène*, coule dans une vallée profondément encaissée entre les hauteurs du causse Noir et du Larzac, et opère sa jonction avec le Tarn dans la plaine de Millau.

Le *Cernon* (rive g.; 35 kilomètres) naît au centre du Larzac, à 900 mètres d'altitude environ, baigne Sainte-Eulalie-du-Larzac, Lapanouse, la Bastide-Pradines, coule dans des gorges pittoresques et profondes, reçoit le *Soulsou* près de Roquefort, passe à Saint-Rome-de-Cernon, à Saint-George, et tombe dans le Tarn au-dessous du hameau de Peyre.

La *Muse* (rive dr.; 50 kilomètres) naît au hameau de Bousquet, baigne Saint-Léons, Saint-Beauzely, et se jette dans le Tarn en aval de Candas.

. Le *Dourdou* (rive g.; 90 kilomètres) a son origine dans la montagne de l'Espinouse (Tarn), par 1,000 mètres d'altitude environ, traverse la forêt de Ramasse, entre, près d'Arnac, dans l'Aveyron, coule dans la profonde vallée de Brusque, reçoit la *Nuéjouls* à Fayet, baigne Camarès, Montlaur et Vabres, où il reçoit la *Sorgues*, qui sort en bouillonnant d'une belle grotte située à la base du mont de Cornus. La Sorgues, jolie rivière dont le cours est de 62 kilomètres et dont le débit estival est supérieur à celui du Dourdou, est produite par un courant souterrain que l'on entend gronder au fond de l'abîme de Mas-Raynal; elle arrose une vallée pittoresque, Saint-Félix, Versols, Saint-Affrique, et tombe dans le Dourdou à quelques kilomètres à l'est de cette ville. Le Dourdou, doublé de la Sorgues, s'infléchit ensuite vers l'ouest en décrivant de nombreuses courbes, et tombe dans le Tarn près de Lafoux, au-dessous de Saint-Izaire.

L'*Alrance* (rive dr.; 24 kilomètres) a sa source sur les pentes méridionales du Lagast; elle arrose Alrance, Villefranche-de-Panat, Thouels, et a son embouchure au-dessous de Brousse.

Le *Rancé* (rive g.; 64 kilomètres) a son origine dans les montagnes du Merdelou, près de Coufouleux, baigne Prohencoux, Belmont, Combret où son lit fait de nombreux détours dans une vallée profonde, arrose ensuite Saint-Sernin, s'y grossit du *Merdanson*, passe à Balaguier, à Plaisance, où il reçoit le *Gos*, sert de limite au département de l'Aveyron, et a son embouchure dans le Tarn à 6 kilomètres au nord-ouest de Plaisance.

· **L'Aveyron**, affluent important de la rive droite du Tarn, a un cours de 240 kilomètres, dont 153 dans le département auquel il donne son nom. Il naît à 1 kilomètre à l'est de Sévérac-le-Château, d'une source abondante qui jaillit au pied de la tour de Sermeillet. Il baigne Lapanouse, Gaillac, Gagnac, Palmas, Laissac, Bertholène, Montrozier, passe au pied de la forêt des Palanges, arrose la Loubière, Rodez, Belcastel, Prévinquières, Compolibat et Villefranche. Au-dessous de cette ville, à Najac, à Laguépie, et, dans Tarn-et-Garonne, à Saint-Antonin, à Penne, à Bruniquel, dans le gneiss d'abord, puis dans le lias qui troublent ses eaux, l'Aveyron coule du nord au sud dans d'admirables gorges que longe la voie ferrée de Paris à Toulouse, qui le traverse dix-huit fois. Il atteint bientôt l'embouchure du Viaur, son principal affluent, passe en Lot-et-Garonne par 125 mètres d'altitude, et, reprenant sa course vers l'ouest, sert de limite au département de l'Aveyron jusqu'à Montrozier, où il s'en éloigne définitivement. Puis il passe à Négrepelisse, à 6 kilomètres au nord de Montauban, et tombe dans le Tarn entre cette ville et la Française. Son volume d'eau n'est pas considérable; sa largeur moyenne est de 40 mètres.

Les affluents de l'Aveyron dans le département sont : — le *Verlenque* (rive g.; 9 kilomètres), qui naît au nord du hameau du Bousquet, et se jette dans l'Aveyron à 1 kilomètre à l'est de Sévérac, station du chemin de fer de Rodez à Millau, auquel il prête le vallon qu'il arrose; — l'*Olip* (rive g.; 12 kilomètres), dont la source est à l'est du Signal du Pal,

non loin de la source du Viaur, et qui, courant du sud-est
au nord-ouest, passe au nord de Lavernhe, de Prévinquières,
pour se jeter dans l'Aveyron à 2 kilomètres à l'est de Gaillac ;
— le *Malrieu* (rive dr.; 6 kilomètres), qui descend du flanc
ouest du signal de Buzeins (864 mètres), et rejoint l'Aveyron à
Gagnac ;— la *Serre* (rive dr.; 27 kilomètres), qui naît à 2 kilomètres au sud de Campagnac, baigne Saint-Saturnin, Pierrefiche, où elle se divise en deux branches : la première s'engouffre
puis rejaillit pour aller se jeter dans le Lot à Sainte-Eulalie ;
la seconde, dont le cours sinueux se dirige vers le sud-ouest,
passe à Coussergues et atteint l'Aveyron près de Palmas ;— le
Mayroux (rive g.; 8 kilomètres), qui descend de la Trémolière,
baigne Laissac, et s'unit à l'Aveyron à 2 kilomètres environ en
aval de la Serre ; — la *Brianelle* (rive g.; 11 kilomètres), qui
jaillit à l'est du hameau de Buscansolles, et, grossie du ruisseau
de la *Garrigue*, tombe dans l'Aveyron en aval du Monastère ;
— l'*Auterne* (rive dr.; 5 kilomètres), qui passe au nord de la
station de Rodez et se jette dans l'Aveyron à l'ouest de cette
ville ; — la *Maresque* (rive g.; 10 kilomètres), dont l'embouchure est au hameau des Parras ; — l'*Alzou* (rive dr.; 34 kilomètres), qui a sa source au nord-est de Rignac, reçoit l'*Aize*,
puis se dirige vers l'ouest jusqu'à Malleville, où, se rappro-
chant du chemin de fer de Rodez à Montauban, il descend vers
Villefranche et tombe dans l'Aveyron ; — l'*Assou* (rive dr.; 12
kilomètres), qui descend de plateaux de 400 mètres d'altitude,
baigne la Rouquette et atteint l'Aveyron à Monteils ; — la
Sérène (rive g.; 25 kilomètres), formée par la réunion de deux
ruisseaux : la *Sérène de Sanvensa* et la *Sérène de Marmont*,
nées l'une et l'autre sur des plateaux de 600 mètres d'altitude,
entre Villefranche et Rieupeyroux ; la Sérène descend direc-
tement vers le sud, se grossit de la *Cédène*, qui vient de Vabres, et tombe dans l'Aveyron au-dessous de Najac ;— le **Viaur**
(rive g.; 162 kilomètres, dont 115 dans l'Aveyron). Cette
rivière, qui naît dans le Levezou, au pied du Pal, à 4 kilomètres au nord de Vezins, est le plus important des affluents de
l'Aveyron. Ses eaux, moins abondantes que celles de l'Aveyron

mais plus limpides, coulent, de l'est à l'ouest, dans des gorges plus belles encore que celles de l'Aveyron, entre des roches et des pentes de gneiss, de schistes, de micaschistes. Sa vallée, — on pourrait presque dire son tortueux précipice, — est une des merveilles de la France ; sa largeur moyenne est de 16 mètres. Le Viaur baigne Pont-de-Salars, Sainte-Juliette, passe au sud de Saint-Just, de Bor-et-Bar, de Saint-André, forme, à partir du sauvage vallon de Tanus (Tarn), la limite entre le département de l'Aveyron et celui du Tarn, et se jette dans l'Aveyron à Laguépie, par 125 mètres d'altitude.

Les affluents du Viaur sont : — le *Varairous* (rive dr.; 11 kilomètres), qui naît au nord de Vezins et rejoint le Viaur en aval de Ségur ; — la *Cadousse* (rive g.; 5 kilomètres), ruisseau dont l'embouchure est au nord de Pont-de-Salars ; — le *Vioulou* (rive g. ; 36 kilomètres), qui a sa source au pied du Levezou, se grossit de plusieurs ruisseaux et du torrent de *Salles-Curan*, et a son embouchure au hameau de Bannes ; — le *Céor* (rive g.; 48 kilomètres), qui a sa source aux Mas-Viala, baigne Arvieu, recueille les eaux du *Roustau* et du *Lagast*, arrose Salmiech, Cassagnes-Begonhés où il se renforce de la *Lunargues*, reçoit le *Glandon* et le *Giffou*, et se jette dans le Viaur à Saint-Just ; — le *Lieux* (rive dr.; 17 kilomètres), qui naît à l'est de Naucelle, et, après avoir servi de limite au département de l'Aveyron sur un parcours de 4 kilomètres, a son embouchure au Bouissou ; — le *Lezer* (rive dr.; 52 kilomètres), dont le cours est extrêmement sinueux, vient de la Carmélie, baigne Sauveterre, et, grossi du *Vayre*, du *Lious*, de l'*Escudette* et du *Liort*, limite le département de l'Aveyron et tombe dans le Viaur au port de la Besse ; — le *Jaoul* (rive dr.), qui descend du plateau de Rieupeyroux, et, accru du *Rieucros*, a son embouchure à la Roque.

Le **Lot**, dont le bassin assez étroit embrasse toute la partie nord du département de l'Aveyron, n'a pas moins de 480 kilomètres de cours, car il décrit d'innombrables sinuosités en se dirigeant vers l'ouest. A l'étiage, son débit peut descendre à 10 mètres cubes par seconde et même à moins ; le volume de ses plus grandes crues est de 4,000 mètres cubes environ. Le Lot, dont le vrai nom serait *Olt* (l'*Oltis* des écrivains latins), commence à 1,500 mètres environ d'altitude, dans les montagnes du département de la Lozère, baigne Mende, et, par 480 mètres d'altitude, entre dans l'Aveyron en amont de Saint-Laurent-d'Olt, où il coule dans des gorges profondes, où abondent les sites grandioses ; puis, contournant la presqu'île de Saint-Laurent-d'Olt, il baigne Saint-Geniez, Espalion, Estaing, Entraygues, où il prend, au confluent de la Truyère, son nom moderne de Lot. Puis il limite le département de l'Aveyron, passe à Saint-Parthem, atteint le chemin de Figeac à Rodez qui le longe un instant, forme de nouveau frontière, et, passant au pied de superbes escarpements, croise le chemin de fer de Figeac à Montauban, décrit un immense détour qu'abrège pour la navigation un canal creusé dans la montagne, baigne Salvagnac-Cajarc et entre dans le département du Lot, par 140 mètres d'altitude, au confluent de la rivière du gouffre du Lantouy. A partir de ce point, le Lot continue son cours sinueux vers l'est, arrose Cahors, passe dans Lot-et-Garonne en aval de Puy-l'Évêque, traverse Villeneuve et tombe dans la Garonne à Nicole, près d'Aiguillon. Le Lot est navigable, à la descente, du confluent de la Truyère à Aiguillon (313 kilomètres), à la descente comme à la remonte depuis Bouquiès (273 kilomètres). La pente depuis Bouquiès est de 157 mètres, rachetés par 73 écluses. Le tirant d'eau est en général faible et la navigation peu importante.

Les tributaires du Lot dans le département sont : le *Mardon* (rive dr. ; 14 kilomètres), qui descend du flanc ouest du Signal de Mailhebiau (1,471 mètres) et rejoint le Lot en amont de Saint-Geniez ; — le *Juéry* (rive g. ; 8 kilomètres), qui naît dans les bois de la Malespinasse et a son embouchure à 1 kilomètre au-dessous de Saint-Geniez ; — le *Merdanson* (rive dr. ; 16 kilomètres), dont la source est dans les bois d'Aubrac et l'embouchure à 2 kilomètres en aval de Sainte-Eulalie; — le *Moussauroux* (rive dr. ; 15 kilomètres), dont la source est voisine de celle du Merdanson, et l'embouchure à 4 kilomètres en aval ; — le *Mossau* (rive dr.; 16 kilomètres), qui descend aussi des bois d'Aubrac, baigne Castelnau-de-Mandailles et tombe dans le Lot au Bousquet-d'Olt ; — la *Boralde* (rive dr.; 26 kilomètres), qui jaillit dans le bois d'Aubrac (1,300 mètres), passe à Saint-Chély, coule dans des gorges très profondes et tombe dans le Lot au-dessus de Saint-Côme ; — la *Boralde-Flaujaguèse* ou *Poujade* (rive dr.; 52 kilomètres), qui est formée par trois torrents dont le plus important descend des Truques d'Aubrac, passe à Condom-d'Aubrac, et se jette dans le Lot à l'est d'Espalion ; — la *Truyère* (*V.* ci-dessous) ; — le *Dourdou* (rive g.; 72 kilomètres), dont la source est au pied du puy de Lacalm, qui coule du sud-est au nord-ouest, dans une vallée très pittoresque, baigne Cruéjouls où il se grossit de la *Bertouyre*, et, passant dans l'entonnoir de Bozouls, suit la belle vallée de Villecomtal, arrose Mouret, Nauviale où il reçoit le *ruisseau de Salles-la-Source et de Marcillac*, passe à Saint-Cyprien, à Conques, et se jette dans le Lot près de Grand-Vabre ; — le *Rieumort* (rive g.; 22 kilomètres), qui passe à Firmy, à Decazeville, à Viviez où il recueille les eaux du *Rieuvieux*, grossi de l'*Ennas*, ruisseau d'Aubin et de Cransac, et a son embouchure au-dessous de Livinhac ; — la *Diège* (rive g.; 17 kilomètres), qui naît à Salles-Courbatiès, prête sa vallée au chemin de fer de Montauban à Capdenac, et se perd dans le Lot à 2 kilomètres de cette dernière ville.

La **Truyère**, affluent de droite considérable du Lot, qu'il double à Entraygues, a sa source dans les monts de la Margeride. Dans son cours d'environ 175 kilomètres, elle traverse trois départements : la Lozère, le Cantal et l'Aveyron ; mais dans les deux premiers elle ne baigne que quelques villages sans importance. Elle entre définitivement dans le département de l'Aveyron au confluent du Brezons, par 578 mètres d'altitude, après lui avoir servi quelque temps de limite. Courant en serpentant vers le sud-ouest, elle passe à l'ouest de Sainte-Geneviève, et tombe dans le Lot, par 247 mètres d'altitude, après un cours d'environ 40 kilomètres dans le département

2

de l'Aveyron. La pente moyenne de son lit est de 2 millimètres par mètre ; sa largeur, de 30 à 60 mètres. Les cours d'eau qu'elle reçoit dans l'Aveyron sont : le *Brezons* (rive dr.; 28 kilomètres), qui naît sur les pentes méridionales du Plomb du Cantal, s'accroît de l'*Hirondelle*, qui, par son lit ou par celui d'un de ses affluents, limite le département de l'Aveyron, et se jette dans la Truyère à Laussac ; — l'*Argence* (rive g.; 26 kilomètres), qui jaillit au pied du Roc de Cayla, dans les monts d'Aubrac, se grossit de la *Morte-Argence*, et a son embouchure au-dessous du château de Beauregard ; — la *Bromme* (rive dr.; 36 kilomètres, dont 50 dans le département), qui commence au sud du Puy-Gros (Cantal), baigne Mur-de-Barrez, reçoit le *Seniq* à Brommat, et se jette dans la Truyère ; — le *Goul* (rive dr.; 52 kilomètres, dont 34 presque entièrement sur la limite de l'Aveyron), qui descend de la montagne de Font-de-Goul, près de la Chapelle-du-Cantal, roule au fond de précipices en séparant le Cantal de l'Aveyron et tombe dans la Truyère près de la Bastide ; — la *Selves* (rive g.; 42 kilomètres), qui a sa source sur la lisière de la forêt de Saint-Urcize (monts d'Aubrac), reçoit le *Vaissaire* à Laguiole, le *Selvet* à Soulages-Bonneval, et atteint la Truyère à 4 kilomètres au-dessus d'Entraygues.

Versant de la Méditerranée. — La partie méridionale des cantons de Nant et de Cornus appartient au bassin de la Méditerranée. Les eaux de cette partie du département s'écoulent dans cette mer par la Virenque et par l'Orb.

La *Virenque* (23 kilomètres) naît au pied du pic de Guiral, passe à Sauclières, limite le département de l'Aveyron, et, obliquant vers l'est, le quitte pour se jeter dans la *Vis*, tributaire de l'Hérault, à 600 mètres au-dessous de Vissec (Gard).

L'**Orb**, dont le cours est de 144 kilomètres, a sa source au pied du Signal de Bouviala (884 mètres), au sud du Larzac ; il sert de limite au département de l'Aveyron et reçoit la *Virène*, petit cours d'eau dont la source seule n'appartient pas à l'Aveyron, et que longe le chemin de fer de Millau à Béziers.

Après s'être grossi de la Virène, l'Orb sort du département de l'Aveyron, entre dans celui de l'Hérault, où il arrose Bédarieux et Béziers, croise le chemin de fer et le canal du Midi et se perd dans la Méditerranée. Son débit à l'étiage est de 2,500 litres par seconde, et, dans les plus grandes crues, de 2,500 mètres cubes.

LACS ET ÉTANGS. — Il existe de petits lacs dans les monts d'Aubrac, tels que : celui de *Pin-Doliou*, d'où sort un tributaire du Bès ; celui d'*Aubrac*, qui donne naissance au Boralde-de-la-Boire ; ceux de *Saint-Andéol*, de *Bort*, et les deux lacs dits des *Saliens*.— Les étangs les plus remarquables sont ceux de *Bournazel* et de *Goutrens* (canton de Rignac), de *Privezac* (canton de Montbazens), d'*Arvieu* (canton de Cassagnes), de *Saint-Aignan* (canton de Vezins), de *Saint-Saturnin* (canton de Campagnac).

IV. — Climat.

Le département de l'Aveyron, situé dans la zone essentiellement tempérée, un peu plus près de l'Équateur que du Pôle, devrait jouir d'un climat aussi doux que le Gard ou le Lot. Mais il doit à ses plateaux, dont plusieurs ont une altitude considérable, et à ses chaînes de montagnes des hivers longs et rigoureux, surtout sur les causses et dans les régions élevées où la mauvaise saison dure six mois. La variété des altitudes et celle des expositions permettent de passer successivement, sans sortir du département, du rigoureux climat auvergnat, qui règne dans les montagnes et sur les hauts plateaux (celui de Laguiole peut être pris pour type) au climat moins dur des causses d'altitude moyenne (Rodez) et aux chaudes vallées des régions méridionales (Millau), dont le climat rivalise de douceur même avec celui de la Provence.

Dans l'Aveyron le ciel est généralement beau, l'atmosphère pure, l'air très sain ; mais l'élévation générale du sol expose la région à des vents impétueux : ceux qui soufflent le plus fréquemment sont les vents d'est et de nord-ouest. Les vents d'est et du nord amènent un temps froid et sec; les vents de l'ouest et de sud-ouest apportent généralement la pluie ou la neige. Les vents du sud sont parfois d'une violence extrême.

Si l'eau qui tombe annuellement dans le département, sous la forme de pluie ou de neige, n'était pas absorbée par le sol ou réduite en vapeur par les rayons du soleil, elle formerait, au bout de douze mois, une nappe liquide qui aurait 102 centimètres à Rodez, 80 vers les sources de l'Aveyron, 120 vers celles du Dourdou.

Cent cinquante stations météorologiques, où sont enregistrés tous les phénomènes de l'atmosphère, sont disséminées dans le département.

V. — Curiosités naturelles.

Le département de l'Aveyron est très riche en curiosités naturelles. Il possède de nombreuses sources, dont la plus abondante est le *gouffre de Lantouy*, entre Salvagnac et Saint-Clair, sur la rive gauche du Lot. Du bassin de ce gouffre, qui a environ 12 mètres de circonférence et dont la profondeur est inconnue, sort un petit affluent du Lot. Nous signalerons aussi, près de Saint-Saturnin, les sources de l'*Estang*; près de Cornus, celles de la *Sorgues;* celles de *Fondamente*, de *Saint-Paul-de-Fonts;* près de Rodez, celles de *Fontanges ;* celles de *Salles-la-Source*, de *Solsac*, de *Curlande*, de *Muret*, de *Gages*, de *Gabriac ;* et, dans le canton de Villefranche, celle de *Labastide*, etc.

Les *cascades* ne sont pas rares dans le département. Produits, en général, par des obstacles formés de résidus calcaires déposés par les eaux, elles atteignent jusqu'à 25 mètres de hauteur. Les plus belles sont celles de *Salles-la-Source*, de *Creissels*, de *Saint-Rome-de-Tarn*, des *Saliens*, du *Monna*, du *Bourg*, de l'*Estang*, etc.

Les *grottes* sont nombreuses, et remarquables autant par leurs dimensions que par les magnifiques stalactites et stalagmites qui les décorent. Les plus belles sont celles de *Sol-sac*, de *Saint-Laurent*, de *Rodelle*, de l'*Estang*, près de Saint-Saturnin ; de *Ginals*, près de Buseins ; de *la Poujade*, sur les bords de la Dourbie ; de *Combalou*, près de Roquefort ; de *Salles-la-Source*, du *Monna*, de *Sorgues*, d'où sort la source de Sorgues, etc.

Parmi les curiosités naturelles du département, on peut citer aussi : les *abîmes* ou *tindouls* qui s'ouvrent à la surface du sol, et dont la profondeur est parfois considérable. Les plus connus sont : le tindoul de *la Vayssière* (sur le causse de Concourès), qui a une profondeur de 46 mètres et une ouverture triangulaire de 128 mètres de tour ; celui du *Mas-Raynal*, près du village de ce nom, et au fond duquel bouillonnent les eaux qui alimentent la source de la Sorgues ; enfin, au sud de Sylvanès, celui de *Grotte-Peyrols*, qui s'ouvre au sommet de la montagne de ce nom.

Le sol calcaire du département facilite la disparition de nombreux ruisseaux : le *Rey* se perd à Montsalès ; le *Font-vieille*, à Ols ; le *Rieux*, à Bertholène ; le *Sémènes*, à Sévérac-l'Église ; la *Serre*, à Pierrefiche. Enfin, nous citerons : les puits absorbants de *Gajac*, près d'Onet-l'Église ; des *Dragonières*, près de Montbazens, et de *la Guiraldie*, près d'Asprières.

Les *Montagnes brûlantes de Monteils*, de *la Buègne*, de *la Salle*, de *Fontaignes* sont des curiosités spéciales au département : elles se trouvent dans le bassin houiller d'Aubin. La houille que ces collines renferment brûle depuis une époque très reculée ; on voit, la nuit, des jets de flammes s'élancer de crevasses ouvertes sur leurs pentes, et, le jour, une fumée blanchâtre couronner leur sommet. A Cransac, le feu souterrain ayant consumé toute la houille, des vapeurs chaudes sont exhalées par certaines cavités transformées ainsi en étuves naturelles.

Nous signalerons, pour terminer l'énumération des curiosités naturelles de l'Aveyron : les gorges nombreuses et profondes au fond desquelles coulent la plupart de ses rivières ; les chaî-

nes de rochers aux formes étranges du *causse Noir*, et enfin le
rocher de *Saint-Xist* ou de *Guillaumard*, près de Cornus, immense bastion formé par des rochers à pic, dont le circuit est
de 17 kilomètres, et qui renferme une épaisse forêt dans laquelle on ne peut pénétrer que par de rares sentiers peu connus.

VI. — Histoire.

A l'époque de la conquête de la Gaule par les armées romaines, la puissante nation des *Ruthènes* était établie sur les
rives du Lot, de l'Aveyron et du Tarn.

Ce peuple, qui faisait partie de la confédération des Ar-
vernes, suivit ses alliés dans leurs expéditions aventureuses
au delà des Alpes, dans la vallée du Danube, dans l'Asie, et
combattit vaillamment dans leurs rangs, lors de la guerre
de l'indépendance.

Bituit, vaincu (121), au confluent du Rhône et de l'Isère,
par le consul Quintus Fabius Maximus, comptait dans son armée plus de 20,000 archers ruthènes. A la suite de cette défaite, toute la partie de la Ruthénie qui s'étendait en deçà du
Tarn fut comprise dans la Province romaine, tandis que le
reste de son territoire, qui occupait la rive gauche de cette
rivière, resta libre et prit le nom de Ruthénie indépendante.

Mais après la défaite de Vercingétorix et la prise d'Alésia
par César, la Ruthénie indépendante subit le sort du reste de
la Gaule, et, lors de sa division en provinces, sous Auguste,
toute la Ruthénie fut comprise dans l'Aquitaine, et, plus tard,
sous l'empereur Valentinien, dans l'Aquitaine première.

Les principales cités des Ruthènes, au moment de la con-
quête, étaient : *Segodunum* (Rodez), *Condatemagus*, près de
Millau, et *Carentomagus*, près de l'emplacement actuel de
Villefranche.

Lorsque les Barbares envahirent l'empire d'Occident, les lé-
gions romaines, précipitamment rappelées en Italie, laissèrent
la Gaule sans défense. Tandis que les Francs s'établissaient
dans le Nord, les Wisigoths se ruaient sur le Midi et occu-

paient tout le territoire situé entre la Loire et les Pyrénées. Dans le Rouergue, ravagé par ces hordes dévastatrices, des édifices, des villages et des somptueuses villas édifiés par les Romains, il ne resta bientôt plus que des ruines.

Le roi des Francs, Clovis, qui venait de recevoir le baptême, heureux de pouvoir, tout en prenant les armes pour défendre ses nouvelles croyances, servir ses visées ambitieuses, attaqua les Wisigoths, qui étaient ariens, les battit à Vouillé (507), et son fils Thierry (508) s'empara du Rouergue.

Après la mort de Clovis, les Wisigoths reprirent Rodez et s'y maintinrent jusqu'au moment où Théodebert, fils de Thierry et roi d'Austrasie, parvint à les en expulser pour toujours.

Les Sarrasins, maîtres de l'Espagne qu'ils venaient de conquérir, franchirent les Pyrénées et se répandirent dans les provinces qu'avaient occupées les Wisigoths. Ils pillèrent Rodez en 725, livrèrent aux flammes la célèbre abbaye de Conques, et ravagèrent le pays tout entier. Arrêtés à Poitiers par Charles Martel, qui les tailla en pièces (732), ils reculèrent vers les Pyrénées, abandonnant le Rouergue, qui devint le théâtre d'une lutte nouvelle. Waïfre, duc d'Aquitaine, ayant refusé de reconnaître l'autorité de Pépin le Bref, ce prince s'empara de cette province (768). Charlemagne, dix ans plus tard, la réunit à l'Aquitaine et y établit des comtes qui, viagers d'abord, devinrent bientôt héréditaires.

Le premier comte héréditaire du Rouergue fut Gilbert (800). Le quatrième, Frédelon, ayant été créé comte de Toulouse et de Rouergue, devint le chef de cette puissante maison de Toulouse dont les domaines s'étendaient des montagnes de l'Auvergne aux Pyrénées.

Raymond IV, de Saint-Gilles, qui descendait de Hugues, onzième comte de Rouergue, dont la fille unique, Berthe, était morte sans postérité, réunit définitivement, sur sa tête et sur celle de ses successeurs, le comté de Rouergue à celui de Toulouse, en 1066. A partir de cette époque, cette province partagea le sort du comté de Toulouse ; elle fut successivement gouvernée : par Bertrand, fils de Raymond IV, qui mourut en Palestine, où ses descendants possédèrent le comté de Tripoli ; par Alphonse-Jourdain, frère du précédent, et qui mourut empoisonné à Césarée, en 1148 ; par Raymond V, puis par Raymond VI, qui eut à lutter pendant toute sa vie contre les croisés que Simon de Montfort avait lancés sur ses états, et enfin par Raymond VII et par sa fille Jeanne, dont le mariage avec Alphonse de France, comte de Poitiers, prépara l'annexion du Rouergue au domaine de la couronne. La réunion de ce comté à la France eut lieu d'une manière définitive en 1361, après l'expulsion des Anglais. A partir de cette époque, cette province devint l'apanage des rois de France, qui la gouvernèrent comme comtes de Toulouse.

La ville de Rodez, dont l'histoire, jusqu'au douzième siècle, est intimement liée à celle du Rouergue, devint à cette époque la capitale d'un comté indépendant, par la cession que Raymond IV, dit de Saint-Gilles, fit d'une partie de la ville, le *Bourg*, à Richard, fils puîné du vicomte de Millau. Le comté de Rodez s'agrandit successivement et occupa bientôt le tiers du Rouergue et quelques territoires limitrophes.

Deux maisons différentes ont régné sur ce comté : la première est dite de Rodez, la seconde d'Armagnac.

Les comtes de la première maison sont au nombre de huit : le troisième, Hugues II, prit le titre de comte de Rodez par la grâce de Dieu ; le sixième, Henri Ier, mourut en Palestine en 1222 ; le septième, Hugues IV, réunit au comté la vicomté de Creyssels et les baronnies de Meyrueis et de Roquefeuil ; le huitième, Henri II, marié plusieurs fois, n'eut que des filles, et substitua, en faveur de la postérité de l'une d'elles, Cécile, tous les biens qu'il donnait à ses autres filles, lesquels, pour la plupart, revinrent ainsi à la maison d'Armagnac, Cécile ayant épousé Bernard VI, comte d'Armagnac.

La comtesse Cécile, qui prit, à la mort de son père, le titre de comtesse de Rodez, fit le bonheur de ses vassaux par les concessions qu'elle sut leur accorder, et par ses règlements pleins de sagesse. Elle mourut en 1313, laissant pour héritier son fils Jean d'Armagnac, dit le Bon, auquel elle avait

imposé l'obligation de porter les armes de Rodez écartelées
d'Armagnac.

Jean Ier, le premier comte de la seconde maison de Rodez,
devint, par son mariage avec la comtesse de Charollais, prin-
cesse du sang de la maison de France, le chef d'une des maisons les plus puissantes du royaume. Son fils, Jean II, le *Gras*
ou le *Bossu*, eut à lutter pendant toute sa vie contre les compagnies anglaises qui désolaient le Rouergue. Jean III, lieu-
tenant général des armées du roi en Languedoc, parvint à débarrasser la contrée de ces routiers, et eut pour successeur le
fameux connétable Bernard, massacré à Paris en 1418. Jean IV,
fils et successeur de Bernard, s'efforça de se concilier les vassaux de ses immenses domaines par sa bienveillance et ses
bienfaits. Accusé par ses ennemis, auprès de Charles VII, ce
prince lui déclara la guerre, et son fils, Jean V, eut à lutter
contre le roi Louis XI ; ses biens furent confisqués par arrêt
du Parlement de Paris, et partagés entre plusieurs seigneurs.
Charles II, frère du précédent, fut le dernier prince d'Armagnac, mais seulement pour le domaine utile. Charles d'Alençon, son petit-neveu, lui succéda ; il épousa Marguerite de
Valois, sœur de François Ier, qui la substitua à ses droits sur
les biens de la maison d'Armagnac. Charles d'Alençon étant
mort en 1525, sa veuve confondit ses droits, en épousant
Henri III d'Albret, roi de Navarre, avec ceux que ce prince
prétendait avoir sur ces provinces. Jeanne d'Albret, unique hé-
ritière des précédents, fut reine de Navarre et comtesse de
Rodez, en 1555 ; elle épousa Antoine de Bourbon, duc de Ven-
dôme. Henri de Bourbon, leur fils, héritier de sa mère en 1572,
et devenu roi de France sous le nom d'Henri IV, réunit à la
couronne tous les biens des d'Armagnac et le comté de Rodez.

Depuis l'an 800, époque où Gilbert fut reconnu premier comte
héréditaire du Rouergue, jusqu'à l'avènement d'Henri IV,
dernier comte de cette province, cette contrée fut, pendant
cette longue période historique qui embrasse sept siècles, le
théâtre de querelles intestines, de guerres incessantes qui la
couvrirent de ruines.

La première guerre éclata à la mort du onzième comte, Hugues, à l'occasion de la succession au comté de Rouergue. La fille de Hugues, Berthe, se vit disputer son héritage par deux frères, Guillaume de Toulouse et Raymond IV. A la mort de Berthe, en 1065, la lutte continua entre les deux frères, qui n'y mirent fin qu'en partageant entre eux ces domaines : Guillaume eut le comté de Toulouse, Raymond celui de Rouergue et plus tard toutes les possessions de son frère.

Cette première guerre de succession était à peine terminée qu'une seconde, plus longue, eut lieu à la mort de Raymond IV. Guillaume, comte de Poitiers et d'Aquitaine, qui avait épousé une fille d'un ancien comte de Toulouse, prétendant que Bertrand, successeur de Raymond IV, n'était pas le fils légitime de ce seigneur, réclama les comtés de Toulouse et de Rouergue, et s'en empara en 1098, mais il ne les conserva pas longtemps. Alphonse-Jourdain, second fils de Raymond IV, se vit ensuite disputer son héritage par Guillaume de Poitiers et Béranger d'Aragon, comte de Barcelone et de Millau. Tous les seigneurs de la province prirent fait et cause pour les belligérants, et la guerre civile sévit de nouveau. Guillaume de Poitiers remporta une victoire sous les murs de Toulouse (1114), et Alphonse-Jourdain dut se retirer en Provence, abandonnant ses états, qu'il ne devait recouvrer qu'en 1120.

Cette guerre était à peine terminée depuis quelques années qu'une seconde guerre de succession devenait pour la province une nouvelle source de calamités. La duchesse Éléonore d'Aquitaine, répudiée par Louis le Jeune, s'était remariée avec Henri II, duc d'Anjou et de Normandie. Ce prince, prétendant avoir, par sa femme, qui descendait de Bernard, sixième comte de ces provinces, des droits sur les comtés de Toulouse et de Rouergue, somma Raymond V, fils d'Alphonse-Jourdain, de les lui restituer. Soutenu par Louis le Jeune, Raymond V put lutter avec avantage contre les armées anglaises, qui furent obligées (1159) de lever le siège de Toulouse. La guerre, un instant suspendue, recommença peu de temps après avec plus de vigueur, et ne prit fin que grâce à la valeur du comte de Rodez, Hugues II, qui mit un terme aux dévastations commises par les Anglais, et mérita le surnom de *Père de la Patrie*.

A la mort de ce seigneur, l'évêque de Rodez, pour pouvoir continuer son œuvre, fit établir, de concert avec le comte et les autres seigneurs de la province, un nouvel impôt appelé le *Commun de paix*, dont le produit devait être consacré à subvenir aux frais d'une garde chargée de veiller à la sûreté des chemins, qui étaient infestés de brigands, anciens soldats débandés des armées qui avaient ravagé précédemment le Rouergue. Ouvriers et artisans payaient, pour l'entretien de cette milice, une taxe de 6, 8 ou 12 deniers, laquelle était fixée par le curé. De plus, ils avaient à acquitter, par chaque tête de bête de somme ou par tête de brebis qu'ils possédaient, une taxe qui variait entre 5 et 12 deniers.

Les guerres de succession terminées, les guerres privées entre seigneurs les remplacèrent. Le comte de Rodez, entre autres, maître du *Bourg*, luttait contre l'évêque, suzerain de la ville et qui avait la prétention de contraindre le comte à lui rendre hommage. Ces dissensions ne prirent fin qu'en 1327, lorsque la maison d'Armagnac fut devenue maîtresse de la province.

Des luttes autrement graves que celles qui avaient été occasionnées par les querelles privées des seigneurs ou les visées ambitieuses de princes étrangers allaient, pendant quinze ans, de 1208 à 1225, ensanglanter de nouveau le pays. Une secte religieuse, condamnée comme hérétique dans les conciles de Toulouse (1148) et de Lombers près d'Albi (1165), par l'Église dont elle sapait le dogme et menaçait d'anéantir le prestige, s'était répandue dans le pays d'Albigeois.

Ces hérétiques, que l'on pourrait considérer comme de véritables précurseurs des protestants, à l'énergie desquels le monde moderne doit la liberté de conscience, avaient conquis, vers la fin du douzième siècle, un grand nombre d'adeptes

dans toutes les provinces situées au nord des Pyrénées. Ils
possédaient une organisation complète, sous la direction de
leurs évêques, et avaient tenu un concile à Saint-Félix-de-
Caraman (1167). L'Église organisa des prédications pour les
combattre. Ce fut tout particulièrement dans ce but que l'Es-
pagnol Domingo ou Dominique institua l'ordre célèbre des
Frères Prêcheurs, plus tard appelés Dominicains ou Jacobins.
Ces prédications eurent peu de succès. Les seigneurs féodaux
furent alors invités à employer les menaces. Ils refusèrent.
Le légat pontifical, Pierre de Castelnau, ayant un jour été
trouvé assassiné près du Rhône, ce meurtre fut imputé à
Raymond VI, et la croisade fut proclamée. Les passions religieuses et ambitieuses se soulevèrent à cet appel. Cette guerre
impitoyable, ordonnée par le pape Innocent III, fut dirigée par
Simon de Montfort, dont l'indomptable courage fut terni par
une ambition que ne retenait aucun scrupule, et qui ne crai-
gnit pas d'employer les plus odieuses perfidies pour faire
excuser, par le pape et par le roi de France, ses cruautés
contre Raymond VI et ses sujets.

Les Albigeois s'étaient établis dans presque tous les châteaux de la vallée du Viaur, à Millau, Mur-de-Barrez, Laguiole
et Sévérac-le-Château. Pendant que Simon de Montfort battait
à Muret l'armée de Raymond VI, unie à celle de son allié,
le roi d'Aragon, et recevait l'investiture des comtés de Toulouse et de Rouergue (1213), le baron Jean de Beaumont,
seigneur de Ténières, chassait les Albigeois de Mur-de-Barrez,
de Laguiole, et leur infligeait une sanglante défaite sous les
murs de Rodez. Simon de Montfort se rendait à Rodez pour y
recevoir l'hommage du comte Henri Ier, tandis que son frère
Guy s'emparait du château de Sévérac (1214), fait d'armes
qui, dans le Rouergue, mit fin à la guerre.

Après la mort de Montfort, tué sous les remparts de Toulouse (1218), Raymond VII, qui avait succédé à son père Raymond VI, tint pendant quelques années le roi de France en
échec. Mais, en 1229, il fut obligé d'accepter les conditions
qui lui furent imposées par le traité de Meaux, et de donner

en mariage sa fille Jeanne à Alphonse de Poitiers, frère du roi
Louis IX, dont les successeurs, par le fait de cette union de-
meurée stérile, prirent le titre de comte de Rouergue. Le tri-
bunal de l'Inquisition, créé en 1229, acheva d'extirper l'hé-
résie par des procédés rigoureux, et une période de calme succéda
à ces années tourmentées. La noblesse du Rouergue, grâce aux
Croisades, put donner carrière à son humeur belliqueuse en
allant guerroyer contre les Musulmans en Espagne et en Terre
Sainte. Alors les campagnes se couvrent de villages; la posi-
tion des serfs s'améliore ; les villes et les bourgs obtiennent
des chartes de leurs seigneurs. Ceux-ci créent, sous le nom
de *salvetat* et de *bastides*, des lieux de refuge et des communes : c'est ainsi que s'élèvent Villefranche, Najac et Sauveterre. A côté des anciennes abbayes de Nant, Conques,
Vabres, Belmont, Rieupeyroux, s'en élèvent de nouvelles à
Aubrac, Sylvanès, Bonneval, Bonnecombe, etc. Les vicomtes de
Millau enfin concèdent Sainte-Eulalie aux Templiers.

Cette période de repos fut interrompue par la lutte sécu-
laire des Anglais avec le royaume de France. Les valeureuses
populations du Rouergue durent de nouveau prendre les armes. Cette époque est une des plus glorieuses de l'histoire
de cette contrée. Les Anglais s'étaient à peine emparés de
Saint-Antonin et d'Espalion (1345) qu'ils en étaient chassés.
Jean Ier, comte de Rodez et d'Armagnac, réunissait une armée
et s'apprêtait à jeter l'étranger hors de ses domaines lorsque
lui arriva la fatale nouvelle de la journée de Poitiers (1356).
Le traité de Brétigny céda le Rouergue à l'Angleterre (1360) ;
mais les vainqueurs, en voulant imposer au pays une taxe
nouvelle, lui fournirent l'occasion de se soulever. A la voix de
Béranger de Nattes, consul du Bourg, Rodez donna le signal
de l'insurrection. La plupart des villes ou forteresses du
Rouergue suivirent son exemple. La ville de Millau et quelques
châteaux restèrent seuls au pouvoir des Anglais, mais pas
pour longtemps, car ils en furent bientôt chassés par les
troupes de Du Guesclin, qui s'empara, en 1371, de la Roque-
Valzergues, leur dernier refuge.

Après l'expulsion des Anglais, il fallut songer à débarrasser le pays des *Routiers* ou *Compagnies anglaises*. Jean III d'Armagnac fut assez heureux pour contraindre ces bandes de pillards à évacuer le Rouergue et les pays voisins (1391). Jean IV son fils eut à lutter contre le roi Charles VII, qui lui déclara la guerre en 1444 pour le déposséder des droits régaliens dont il continuait à user malgré la défense qui lui en avait été faite. Le Dauphin, qui fut plus tard Louis XI, s'empara d'Entraygues, de Rodez, de Sévérac-le-Château, et contraignit Jean IV à demander son pardon, qui lui fut accordé. Mais Jean V, son successeur, une des figures les plus odieuses de la féodalité, s'étant rendu coupable de trahison envers Louis XI, fut attaqué par ce prince et alla s'enfermer dans Lectoure, capitale de ses possessions d'Armagnac. Jean V capitula après un long siège, fut massacré avec tous ses enfants, et sa femme, Jeanne de Foix-Navarre, mourut empoisonnée, dit-on, dans le château de Busset.

Les guerres religieuses qui ensanglantèrent la France pendant le seizième siècle couvrirent de ruines cette malheureuse province, qui, de 1561, époque à laquelle les troubles éclatèrent, jusqu'en 1629, date de la pacification, ne jouit de quelque repos que pendant les dix-huit années du règne d'Henri IV. La Réforme, importée à Villefranche et à Saint-Antonin par les religionnaires de Toulouse, et à Millau par ceux des Cévennes, fit en peu de temps de rapides progrès dans le Rouergue. Les pasteurs protestants Vaïsse et Malet, qui la prêchèrent les premiers, fondèrent des églises à Saint-Affrique, Villeneuve, Peyrusse, Compeyre, Saint-Léons, etc. Jean III, baron de Sévérac, l'introduisit dans ses domaines, et Jean et Jacques de Castelpers la firent adopter par Villefranche-de-Panat. La ville de Rodez, presque seule, résista à l'entraînement général. Après le massacre des protestants à Vassy, les réformés prirent les armes, et la guerre civile ne tarda pas à se propager sur tous les points du territoire. Presque toutes les villes et forteresses de la province furent tour à tour prises et reprises. Les principaux chefs protestants

Rodez.

furent : le capitaine du Ram, le seigneur de Taurines, Crussol, dit d'Acier, le baron d'Arpajon ; Montbrun, qui combattit tantôt dans le Dauphiné, tantôt dans le Languedoc et le Rouergue ; Lagarrigue et le capitaine Merle. Les catholiques eurent à leur tête l'évêque de Lodève, Briçonnet, Varalbe, et plus tard Joyeuse.

Le 30 septembre 1575, les États du Rouergue s'assemblèrent au château de la Galinière. Une trêve d'un mois fut conclue ; mais les propositions faites par les réformés ayant été rejetées par leurs adversaires, les sièges, les incendies, les massacres recommencèrent sans pitié ni merci.

L'avènement d'Henri IV, que les protestants accueillirent avec joie, n'amena pas tout d'abord la fin de la lutte. Rodez et tout le pays situé au nord du Lot et entre le Lot et le Tarn, se déclaraient pour la Ligue. Les royalistes protestants s'emparaient d'Aubin, du château de Sanvensa, échouaient devant Montpeyroux, et le duc de Joyeuse, chef des Ligueurs, prenait d'assaut Laguépie, qui était rasée, et dont la garnison était passée au fil de l'épée. Après l'abjuration d'Henri IV (1593), l'édit de Nantes mit fin à ces luttes, qui reprirent un instant pendant la minorité de Louis XIII. Le prince de Condé échoua devant Saint-Affrique, Rohan devant Creissels ; et, après la prise de la Rochelle par Richelieu, les Calvinistes s'engagèrent, par la paix d'Alais (1629), à poser les armes et à se soumettre sans réserve. Les fortifications de Millau, de Creissels, de Cabrespines et de la Roque-Valzergues furent rasées.

Dès le commencement du règne de Louis XIV, l'accroissement de l'impôt de la taille fit éclater un mouvement populaire à Villefranche, à Najac, à Sauveterre, à Castelnau-Peyralès, à Rioupeyroux, à Moyrazès et à Belcastel. Les insurgés, appelés *Croquants*, assiégèrent Villefranche, mais ils furent taillés en pièces par le duc de Noailles, sénéchal du Rouergue ; de leurs trois chefs, deux, Petit et Lapaille, avec cinq autres de leurs partisans, furent roués ou pendus, et Fourques, le troisième, fut écartelé sur la place de Najac. Un grand nombre d'autres révoltés furent condamnés aux galères à perpétuité.

Louis XIV, infidèle à la ligne de conduite tracée par Richelieu, révoca l'édit de Nantes. Les persécutions les plus odieuses (1685) recommencèrent contre les protestants, qui furent contraints d'émigrer en masse, et le Rouergue fut ainsi privé d'une population honnête et industrieuse, qui alla porter à l'étranger les secrets de notre fabrication et de nos arts. Ici s'arrête l'histoire de cette province, car, par sa situation reculée, elle fut mise à l'abri des invasions et de l'occupation étrangère amenées par le premier et par le second Empire.

Si, depuis deux siècles, ce département n'a pas pris une part active à l'histoire générale du pays, ses enfants, en grand nombre, se sont illustrés, soit dans les assemblées, soit dans les armées ; et ses industrieux habitants, par leur travail, ne cessent de contribuer, pour une bonne part, à la prospérité de la France.

VII. — Personnages célèbres.

Cinquième siècle. — SAINT AMANS, évêque de Rodez, né à Rodez.

Treizième siècle. — TRISTAN D'ESTAING, né au château d'Estaing, sauva la vie à Philippe Auguste à la bataille de Bouvines. — BRUNET, célèbre troubadour, né à Rodez, mort en 1255.

Quatorzième siècle. — DIEUDONNÉ DE GOZON, grand maître de l'ordre de Saint-Jean de Jérusalem, né au château de Gozon, près de Saint-Rome-de-Tarn, mort en 1355.

Quinzième siècle. — BERNARD D'ARMAGNAC, connétable de France, mort en 1418. — AMAURY DE SÉVÉRAC, maréchal de France, mort en 1427.

Seizième siècle. — LA VALETTE, grand maître de l'ordre des chevaliers de Malte (1494-1568).

Dix-septième siècle. — LOUIS D'ARPAJON, duc et pair de France, ministre d'État, mort à Sévérac en 1679.

Dix-huitième siècle· — PIERRE DE CHIRAC, professeur à

l'école de médecine de Montpellier, né à Conques (1650-1732).
—CHARLES FOUQUET DE BELLE-ISLE, maréchal et pair de France,
membre de l'Académie française, né à Villefranche (1684-
1761).— L'abbé SÉGUY, prédicateur, membre de l'Académie,
né à Rodez (1689-1761). — VIVARÈS, célèbre graveur, né à
Saint-Jean-du-Bruel (1709-1780). — PIALES, éminent juris-
consulte, né à Mur-de-Barrez (1720-1789).—L'abbé RAYNAL,
historien, philosophe, né à Saint-Geniez (1713-1796).

Dix-neuvième siècle. — LAROMIGUIÈRE, célèbre professeur
de la Faculté de Paris, philosophe, né à Livinhac-le-Haut
(1756-1837). — DELRIEU, auteur dramatique, né à Rodez
(1763-1836). — DE BONALD, philosophe chrétien, pair de
France, membre de l'Académie, né au Monna, près de Millau
(1754-1840).—DE FRAYSSINOUS, évêque d'Hermopolis, ministre,
membre de l'Académie, né à Curières (1765-1841).— AFFRE,
archevêque de Paris, né à Saint-Rome-de-Tarn, mort martyr
de son dévouement, sur les barricades à Paris (1793-1848). —
ALEXIS MONTEIL, savant historien, auteur de l'*Histoire des
Français des divers états,* né à Rodez (1769-1850). —
PLANARD, poëte dramatique, né à Millau (1784-1853). —
THÉODORE RICHARD, peintre, né à Millau (1782-1859). —
GAYRARD, sculpteur, né à Rodez (1777-1858). — DE BONALD,
archevêque de Lyon, né à Millau (1787-1869).—JULES DUVAL,
publiciste, économiste, né à Rodez (1813-1871).

VIII. — Population, langue, culte, instruction publique.

La *population* de l'Aveyron s'élève, d'après le recensement de 1876, à 413,826 habitants, dont 206,692 du sexe
masculin et 207,134 du sexe féminin. A ce point de vue,
c'est le 30e département. Le chiffre des habitants divisé par
celui des hectares donne 47 à 48 habitants par 100 hectares
ou par kilomètre carré; c'est ce qu'on appelle la *population
spécifique.* Sous ce rapport, c'est le 73e département. La
France entière ayant 70 habitants par kilomètre carré, il en
résulte que l'Aveyron renferme, à surface égale, 22 habitants
de moins que l'ensemble de notre pays.

En 1801, date du premier recensement officiel effectué depuis la Révolution, le département de l'Aveyron renfermait 326,540 habitants, soit 87,486 de moins qu'en 1876 ; sa population aurait donc augmenté de près d'un quart depuis le commencement de ce siècle. Cet accroissement serait plus sensible encore si une portion de territoire n'avait pas été détachée de l'Aveyron, en 1808, pour former le département de Tarn-et-Garonne. L'Aveyron renferme 455 habitants d'origine étrangère, parmi lesquels 226 Espagnols et 108 Italiens.

Le nombre des *naissances* a été, en 1877, de 15,188 (plus 550 mort-nés); celui des *décès*, de 9,150; l'excédant des *naissances* a été de 4,038. Dans la même année, le nombre des *mariages* a été de 3,176. La *vie moyenne* est de 59 ans.

Les habitants de l'Aveyron comprennent généralement le français, mais ne le parlent pas correctement. La langue d'*oc* est l'idiome usuel.

La presque totalité des habitants de l'Aveyron est catholique. Cependant Saint-Affrique est le siège d'une église consistoriale protestante, divisée en 5 sections comprenant 15 communes, presque toutes situées dans les régions sud-est et centrale du département

Le *lycée* de Rodez a compté, en 1880, 525 élèves ; les *collèges communaux* de Villefranche et de Millau, 650 élèves ; le *petit séminaire* de Saint-Pierre, à Rodez, et celui de Belmont, 420 ; les sept *institutions libres* ecclésiastiques de Saint-Affrique, d'Espalion, de Graves, de Saint-Geniez, de Rodez, de Villefranche et de Millau, 1295 ; l'*école normale* des instituteurs de Rodez, 56 ; l'*école des sourds-muets* de Rodez, 40 ; les 1,251 *écoles primaires* ont été fréquentées par 72,279 enfants, et les 47 *salles d'asile*, par 4,596.

Degré d'instruction des jeunes gens de la classe de 1877 :

Ne sachant ni lire ni écrire.	159
Sachant lire seulement.	163
Sachant lire, écrire et compter	1,975
Ayant reçu une instruction supérieure.	5
Dont on n'a pu vérifier l'instruction.	23
Total de la classe	2,305

Sur 41 accusés de crimes, en 1876, on a compté :

Accusés ne sachant ni lire ni écrire. 13
— sachant lire et écrire 28

IX. — Divisions administratives.

Le département de l'Aveyron forme le diocèse de Rodez (suffragant d'Albi). — Il ressortit : — aux 2e, 3e et 4e subdivisions de la 16e région militaire (Montpellier), — à la cour d'appel de Montpellier, — à l'Académie de Toulouse, — à la 25e légion de gendarmerie (Montpellier), — à la 8e inspection des ponts et chaussées, — à la 28e conservation des forêts (Aurillac), — à l'arrondissement minéralogique de Rodez (division du Sud-Ouest). — Il comprend 5 arrondissements (Espalion, Millau, Rodez, Saint-Affrique, Villefranche), 43 cantons, 301 communes.

Chef-lieu du département : RODEZ.

Chefs-lieux d'arrondissement : ESPALION, MILLAU, RODEZ, SAINT-AFFRIQUE, VILLEFRANCHE.

Arrondissement d'Espalion (9 cant. ; 49 com. ; 64,199 h. ; 159,427 hect.).

Canton d'Entraygues (5 com. ; 7,391 h. ; 14,724 hect.).— Enguialès — Entraygues — Espeyrac — Golinhac — Saint-Hippolyte.

Canton d'Espalion (7 com. ; 11,450 h. ; 19,196 hect.).— Bessuéjouls — Castelnau — Cayrol (Le) — Espalion — Gabriac — Lassouts — Saint-Côme.

Canton d'Estaing (6 com. ; 7,989 h. ; 14,529 hect.). — Campuac — Coubisou — Estaing — Neyrac (Le) — Verrières — Villecomtal.

Canton de Laguiole (5 com. ; 5,661 h. ; 18,932 hect.).— Cassuéjouls — Curières — Laguiole — Montpeyroux — Soulages-Bonneval.

Canton de Mur-de-Barrez (5 com. ; 7,582 h. ; 18,314 hect.).— Brommat — Lacroix — Mur-de-Barrez — Taussac — Thérondels.

Canton de Saint-Amans (6 com. ; 6,214 h. ; 20,194 hect.).— Campouriez — Florentin — Huparlac — Montézic — Saint-Amans — Saint-Symphorien.

Canton de Saint-Chély (2 com. ; 3,067 h. ; 12,662 hect.).— Condom — Saint-Chély.

Canton de Sainte-Geneviève (7 com. ; 5,750 h. ; 22,089 hect.). — Alpuech — Cantoin — Graissac — Lacalm — Sainte-Geneviève — Terrisse (La) — Vitrac.

Canton de Saint-Geniez (6 com. ; 9,115 h. ; 18,987 hect.).—Aurelle—

Pierrefiche — Pomayrols — Prades-d'Aubrac — Sainte-Eulalie — Saint-Geniez.

Arrondissement de Millau (9 cant. ; 50 com. ; 68,898 h. ; 195,957 hect.).·

Canton de Campagnac (5 com. ; 5,279 h. ; 12,825 hect.). — Campagnac — Capelle-Bonance (La) — Saint-Laurent-d'Olt — Saint-Martin-de-Lenne — Saint-Saturnin.

Canton de Laissac (8 com. ; 7,385 h. ; 17,442 hect.). — Bertholène — Coussergues — Cruéjouls — Gaillac — Laissac — Palmas — Sévérac-l'Église — Vimenet.

Canton de Millau (7 com. ; 20,840 h. ; 28,795 hect.). — Aguessac — Compeyre — Comprégnac — Creissels — Millau — Paulhe — Saint-George.

Canton de Nant (6 com. ; 8,617 h. ; 53,520 hect.). — Cavalerie (La) — Couvertoirade (La) — Hospitalet (L') — Nant — Saint-Jean-du-Bruel — Sauclières.

Canton de Peyreleau (7 com. ; 4,654 h. ; 23,860 hect.). — Cresse (La) — Mostuéjouls — Peyreleau — Rivière — Roque-Sainte-Marguerite (La) — Saint-André-de-Vézines — Veyreau.

Canton de Saint-Beauzély (5 com. ; 6,246 h. ; 21,341 hect.). — Castelnau-de-Pégayrolles — Montjaux — Saint-Beauzély — Verrières — Viala-du-Tarn.

Canton de Salles-Curan (5 com. ; 4.415 h. ; 17.059 hect.). — Alrance — Salles-Curan — Villefranche-de-Panat.

Canton de Sévérac-le-Château (5 com. ; 6,750 h. ; 20,626 hect.). — Buzeins — Lapanouse— Lavernhe — Recoules-Prévinquières — Sévérac-le-Château.

Canton de Vezins (4 com. ; 4.764 h. ; 20.711 hect.). — Saint-Laurent-de-Levezou — Saint-Léons — Ségur — Vezins.

Arrondissement de Rodez (11 cant. ; 80 com. ; 112,862 h. ; 228,163 hect.).

Canton de Bozouls (5 com. ; 7.084 h. ; 52,444 hect.). — Bozouls — Concourès — Loubière (La) — Montrozier — Rodelle.

Canton de Cassagnes-Bégonhès (8 com. ; 8,868 h. ; 22,755 hect.). — Arvieu — Auriac — Calmont — Cassagnes-Bégonhès — Comps-la-Grand-Ville — Manhac — Sainte-Juliette — Salmiech.

Canton de Conques (6 com. ; 7,807 h. ; 15,557 hect.). — Conques — Grand-Vabre — Noailhac — Saint-Cyprien — Saint-Félix-de-Lunel — Sénergues.

Canton de Marcillac (9 com. ; 13,234 h. ; 24,651 hect.). — Balzac — Clairvaux — Marcillac — Mouret — Muret — Nauviale — Pruines — Salles-la-Source — Valady.

Canton de Naucelle (7 com. ; 9,602 h. ; 18,466 hect.). — Comboulazet — Camjac — Centrès — Naucelle — Quins — Saint-Just — Tauriac.

Canton de Pont-de-Salars (8 com. ; 6,975 h. ; 25,046 hect.). — Agen — Arques — Canet — Flavin — Pont-de-Salars — Prades — Trémouilles — Vibal (Le).

Canton de Requista (7 com.; 10,200 h.; 23,881 hect.). — Connac — Durenque — Lédergues — Requista — Saint-Cirq — Saint-Jean-d'Elnous — Selve (La).

Canton de Rignac (8 com. ; 10,755 h. ; 18,021 hect.).— Anglars — Auzits — Belcastel — Bournazel — Cassagnes-Comtaux — Escandolières — Rignac — Saint-Christophe.

Canton de Rodez (9 com. ; 21,858 h. ; 23,103 hect.). — Druelle — Luc — Monastère (Le) — Moyrazès — Olemps — Onet-le-Château — Rodez — Sainte-Radegonde — Vors.

Canton de la Salvetat (5 com. ; 6,672 h. ; 11,915 hect.).— Castelmary — Crespin — Lescure — Salvetat (La)— Tayrac.

Canton de Sauveterre (8 com. ; 9,827 h. ; 22,329 hect.). — Boussac — Cabanès — Carcenac-Peyralès — Castanet — Colombiès — Gramond — Pradinas — Sauveterre.

Arrondissement de Saint-Affrique (6 cant. ; 57 com. ; 59,275 h. ; 165,607 hect.).

Canton de Belmont (6 com. ; 6,540 h. ; 17,614 hect.). — Belmont — Montlaur — Murasson — Prohencoux — Rebourguil — Saint-Sever.

Canton de Camarès (12 com. ; 9,742 h. ; 34,272 hect.). — Arnac — Brusque — Camarès — Fayet — Gissac — Mélagues — Montagnol — Peux-et-Couffouleux — Saint-Félix-de-Sorgues — Sylvanès — Tauriac — Versols-et-Lapeyre.

Canton de Cornus (9 com. ; 6,287 h. ; 31,066 hect.).— Clapier (Le) — Cornus — Lapanouse-de-Cernon — Marnhagues-et-Latour — Montpaon — Saint-Baulize — Sainte-Eulalie-de-Larzac — Saint-Jean-et-Saint-Paul — Viala-du-Pas-de-Jaux.

Canton de Saint-Affrique (9 com. ; 14,132 h. ; 30,515 hect.). — Bastide-Pradines (La) — Calmels-et-le-Viala — Roquefort — Saint-Affrique — Saint-Izaire — Saint-Jean-d'Alcapiès — Saint-Rome-de-Cernon —Tournemire — Vabres.

Canton de Saint-Rome-de-Tarn (8 com. ; 9,667 h. ; 23,592 hect.). — Ayssènes — Broquiès — Brousse — Costes-Gozon (Les) — Saint-Rome-de-Tarn — Saint-Victor-et-Melvieu — Thouels — Truel (Le).

Canton de Saint-Sernin (15 com. ; 12,907 h. ; 29,548 hect.).—Balaguier — Bastide-Solages (La) — Brasc — Combret — Coupiac — Laval-Roquecezière — Martrin — Montclar — Montfranc — Plaisance — Pousthomy — Saint-Juéry — Saint-Sernin.

Arrondissement de Villefranche (7 cant. ; 64 com. ; 108,592 h.; 154,330 hect.).

Canton d'Asprières (11 com. ; 11,636 h.; 20,599 hect.).—Albres (Les) —Asprières — Balaguier — Bouillac — Foissac — Loupiac — Naussac — St-Julien-d'Empare — Salles-Courbatiès — Salvagnac-St-Loup—Sonnac.

Canton d'Aubin (4 com. ; 19,056 h. ; 6,340 hect.).— Aubin —Cransac — Firmi— Viviez.

Canton de Decazeville (7 com. ; 16,196 h.; 10,800 hect.). —Almon — Boisse-Penchot — Decazeville — Flagnac — Livinhac-le-Haut — Saint-Parthem — Saint-Santin.

Canton de Montbazens (12 com. ; 13,024 h. ; 17,775 hect.). — Brandonnet — Compolibat — Drulhe — Galgan — Lugan — Malleville — Montbazens — Peyrusse — Privezac — Roussennac — Valzergues — Vaureilles.

Canton de Najac (8 com. ; 11,924 h. ; 22,079 hect.). — Bor-et-Bar — Fouillade (La) — Lunac — Monteils — Najac — Saint-André — Sanvensa — Villevayre.

Canton de Rieupeyroux (6 com. ; 10,307 h. ; 17.376 hect.).—Bastide-l'Évêque (La) — Capelle-Bleys (La) — Prévinquières — Rieupeyroux — Saint-Salvadou — Vabre.

Canton de Villefranche (7 com. ; 17,108 h. ; 19.846 hect.). — Martiel — Morlhon — Rouquette (La) — Savignac — Toulonjac — Vailhourles — Villefranche.

Canton de Villeneuve (9 com. ; 9.341 h. ; 19,517 hect.). — Capelle-Balaguier (La) — Montsalès — Ols-et-Rignodes — Sainte-Croix — Saint-Igest — Saint-Remy — Salvagnac-Cajarc — Saujac — Villeneuve.

X. — Agriculture; productions.

Sur les 874,353 hectares du département, on compte :

Terres labourables.	397,720 hectares.
Vignes	23,310
Prairies naturelles et vergers.	74,400
Pâturages.	115,151
Bois et forêts.	77,744
Terres incultes	150,943
Superficies, voies de transport. etc.. .	35,065

En 1876, on comptait dans l'Aveyron : 55,580 bœufs et taureaux, de la race d'Aubrac, race robuste, trapue et sobre; 71,570 vaches ou génisses, 7,585 veaux, environ 12,000 chevaux, 4,900 mulets, 4,595 ânes, 728,860 animaux des races ovines du pays, 28,460 des races ovines perfectionnées, 22,150 chèvres, 129,450 porcs. Le produit des laines a été la même année de 2,252,000 francs, et celui du suif de 146,200 francs; 25,000 ruches d'abeilles ont donné 100,000 kilogrammes de miel et 57,500 kilogrammes de cire. Les vers à soie, dont l'élevage n'occupe pas un grand nombre de bras, ont produit 15,569 kilog. de cocons, pour 513 onces mises à l'éclosion.

Les céréales et les autres produits agricoles ont donné en 1877 : froment, 855,000 hectolitres ; le méteil, 27,500; le seigle, 572,000 ; l'orge, 95, 500 ; le sarrasin, 16,000 ; le maïs et le millet, 75,000 ; l'avoine, 544,000; les pommes de terre, 2,400,000 ; les légumes secs, 38,500 ; les châtaignes, 388,000 ; les betteraves, 550,000; le chanvre, 9,000 quintaux ; le lin, 800 ; le vin, 428,456 hectolitres. Cette grande variété de produits, dont quelques-uns présentent des rendements très avantageux, prouve que le sol du département, grâce à la variété des climats et des natures de terrains, se prête admirablement aux travaux agricoles.

Dans la région des *montagnes*, et tout particulièrement dans la chaîne d'Aubrac, s'étendent de vastes et excellents pâturages ; on y rencontre aussi des champs de seigle, de pommes de terre ; mais la richesse principale de cette partie du département consiste dans l'élevage du gros bétail et des moutons et dans la fabrication des fromages (*V.* ci-dessous).

Dans la région des *causses* du centre, du Larzac, du causse Noir, où le sol est desséché et privé d'humus, croissent des plantes aromatiques que broutent de nombreux troupeaux de brebis dont le lait sert à fabriquer l'excellent fromage de Roquefort. Dans les parties basses de cette région se trouvent de belles prairies, et, sur le plateau calcaire et argileux de Villefranche, des champs fertiles où prospèrent le maïs et la vigne.

Dans les terrains du *Ségala*, en général maigres et froids, de vastes forêts de châtaigniers couvrent les plateaux et les pentes des collines. On est parvenu cependant à acclimater, sur ce sol ingrat, des fourrages artificiels, la pomme de terre, la betterave et, par le chaulage, à obtenir de bonnes récoltes de froment.

Dans les vallées, formées par des terrains d'alluvion, et où la température est plus douce et l'irrigation facile, croissent le lin, le chanvre, les céréales, de belles prairies, la vigne, le noyer, l'amandier, le pêcher, le pommier, le cerisier, le prunier et, dans les vallées les plus méridionales, le mûrier. En résumé, le *froment* est cultivé dans les bassins de Camarès, de Millau et dans la partie sud-ouest du Ségala ; le *seigle* et le *sarrasin*, dans les montagnes ; l'*avoine* et l'*orge*, dans tout le département ; le *maïs*, sur les causses de Villefranche et de Rignac ; la *pomme de terre*, dans tout le département : les *prairies artificielles*, dans les environs irrigués de Camarès ; le *lin* et le *chanvre*, dans les vallées de l'Aveyron, du Lot et du Viaur et dans les meilleures terres du Ségala ; le *châtaignier*, dans le Ségala. Enfin la culture de la *vigne* tend à prendre un grand développement : les vignobles les plus importants sont dans la vallée du Lot, dans les vallons de Marcillac et de Valady, dans la vallée du Viaur, dans les cantons de Villeneuve et de Villefranche. Les crus les plus estimés sont ceux de St-George, de St-Rome, d'Entraygues, de Fel près de Bar, de Saint-Clair (vins rouges), de Bouillac et de Najac (vins blancs).

Les forêts les plus étendues sont celles de *Regimbal*, d'*Aubrac* ; des *Palanges*, de *Luc*, près de Rodez ; du *Lagast*, dans le Levezou ;

La traite des brebis, aux environs de Roquefort.

de *Guillaumard*, dans le Larzac ; de *Brunis* et de *Bonnecombe*, dans les gorges du Viaur ; d'*Elbes* et de *la Roquette*, près de Villefranche. Les essences qui les composent sont : le chêne, le frêne, le hêtre, le châtaignier, le peuplier, l'aulne, le bouleau, le pin et le sapin. Les forêts du département occupent ensemble une superficie de 84,435 hectares; leur produit annuel est de 837,000 francs. — On trouve d'excellents *champignons* (la morille) dans les châtaigneraies, et la *truffe* spécialement sur le causse de Villefranche.

XI. — Industrie; mines.

On rencontre : des mines d'*alun* à Decazeville et à Saint-George-de-Luzençon ; des *ardoisières* dans les montagnes d'Aubrac, sur les plateaux du Ségala, de Noailhac et du Carladez; des mines d'*argent* à Villefranche et à Taussac (l'usine de Labaume, près de Villefranche, livre chaque année au commerce environ 500 tonnes de minerai de plomb argentifère ; ce minerai, fort riche, est expédié en Allemagne, où il est fondu et traité); des gisements d'*antimoine* à Buzeins; de la *chaux* en couches immenses sur tous les causses ; des mines de *cuivre* et autres substances connexes à Asprières, Bouillac, Broquiès, Calmels, Camarès, Gissac, Livinhac, Saint-Izaire, Saint-Juéry et Saint-Affrique; de l'*étain* à Saint-Jean-d'Aigremont ; du **fer** (plus de 45,000 tonnes par an) à Aubin, Cransac, Decazeville, Pruines, Montbazens, Lugan, Roussennac, Muret, Salles-la-Source, Flagnac, Livinhac-le-Haut, Saint-Santin, Saint-George (sulfate), Veuzac, etc. (ensemble des concessions, 6,235 hectares) ; du *mercure* à Viala ; du *phosphate de chaux* et de la *baryte* surtout à Naussac, Salles-Courbatiès, Villeneuve; des *carrières de plâtre* à Gissac, Lagrange, Montagnol, Montaigut, Saint-Amans, Saint-Félix-de-Sorgues, Vendeloves, Vaureilles, Vailhauzy, etc.; des mines de *plomb* argentifère ou sulfuré à la Bastide-l'Évêque, Brusque, Creissels, Comprégnac, Castelnau-de-Pégayrolles, Montagnol, Mélagues, Saint-Rome-de-Tarn, Viala et à Villefranche (mines de la Baume, exploitées par la Compagnie d'Orléans ; 1,500 ouvriers); du *soufre* à Aubin ; du *zinc* à Asprières, Grand-Vabre et Viviez. Les *carrières de pierre* sont nombreuses dans le département, et spécialement à Rodez, Rignac, Cruéjouls, Villefranche, Espalion, dont les produits sont remarquables par la finesse de leur grain.

Les gisements de **houille** de l'Aveyron sont très importants, ils se divisent en trois bàssins, ayant produit, en 1880, 679,068 tonnes de houille, plus 3,770 de lignite : celui d'*Aubin* (100 kilomètres

Rue des Caves, à Roquefort.

carrés), qui occupe le 6e rang parmi les houillères de la France ; celui de *Rodez* (30e rang) ; celui de *Millau* (37e rang). Les principaux centres d'extraction sont à Firmi, Decazeville, Cransac, Rulhe, et, dans les vallées de l'Aveyron et du Lot, à Sansac, Gages, Bertholène, Recoules, Lavernhe, Sainte-Eulalie, Lassouts, Saint-Côme, etc. Le *lignite* se rencontre sur le Larzac, le causse Noir, dans la vallée de la Dourbie et dans la vallée du Lot, où il forme des couches régulières mais peu riches. Dans les environs de Firmi et de Decazeville, la houille affleure à la surface du sol ; elle est en plusieurs endroits extraite à ciel ouvert, sur des points où elle forme des couches de plus de 40 mètres d'épaisseur (la couche de *Lagrange* atteint de 50 à 60 mètres). Près de 5,000 ouvriers sont employés dans les mines de combustible minéral. Le nombre des concessions est de 53, embrassant une superficie de 19,214 hectares ; les plus étendues sont celles de Sansac (1,815 hect.), de Muret (1,432) et de Saint-George (1202).

Les sources d'**eaux minérales** sont très nombreuses dans le département. Les plus importantes sont : les cinq sources froides, ferro-magnésiennes et sulfatées de *Cransac* ; les sources thermales (40°) de *Sylvanès*, renfermant quelques sulfates et quelques carbonates ; celles d'*Andabre*, froides, salines et gazeuses ; de *Prugnes*, de même nature que les précédentes, mais moins riches en gaz et en sels ; de *Cayla* (trois sources), qui renferment les mêmes éléments que celles d'Andabre et de Prugnes et de plus sont ferrugineuses. A ces sources, qui sont les plus connues, nous ajouterons : celles du *Pont*, sulfureuses ; de *Connac*, celle de *Villefranche*, ferrugineuse et purgative ; celles de *Salles-la-Source*, sulfureuses ; de *Vailhausy* ; de *Ferrière*, près de Saint-Izaire ; de *Cassuéjouls*, froides carbonatées, ferro-crénatées ; de *Montjaux*, d'*Aguessac*, de *Gabriac*, du *Pont-de-Salars*, de *Vimenet*, de *Roquetaillade*, de *Sansac*, de *Lavergne*, etc.

L'**industrie métallurgique** est représentée dans l'Aveyron par quatre grandes usines. Nous citerons en premier lieu les hauts fourneaux, fonderie et forges du *Gua*, appartenant à la Compagnie du chemin de fer d'Orléans. Cette usine, où se fabriquent spécialement des rails, comprend six hauts fourneaux, et occupe plus de 1,000 ouvriers. Les hauts fourneaux, fonderie et forges de *Decazeville* et de *Firmi*, qui appartiennent à la Compagnie des Houillères et Fonderies de l'Aveyron, possèdent 22 fours à puddler, 14 fours à réchauffer, 5 marteaux-pilons, 8 trains de laminoirs, 2 machines soufflantes et une trentaine de machines à vapeur. La force des machines est de 1,400 chevaux ; la production moyenne annuelle est de 26,000 tonnes de fonte. Citons aussi l'usine à zinc de *Viviez* (laminerie et fonderie) et enfin l'usine à zinc et à cuivre de *Penchot*. Les usines à fer ont pro-

Decazeville.

duit, en 1878, 30,270 tonnes de fonte, 31,106 de fer, 2,368 de tôles et 9,285 d'aciers fondus Bessemer, de forge ou cémentés. Les usines à zinc et à cuivre fabriquent et laminent chaque année 2,000 tonnes de zinc et 800 tonnes de cuivre. Il existe, en outre, des *forges* à Rulhe ; des *fonderies de plomb* à Villefranche, à Rodez et à Nant ; des *fonderies de cloches* à Villefranche ; des *ateliers de grosse chaudronnerie* à Villefranche et à Camarès ; des *ateliers de construction de machines* à Millau, Rodez, Saint-Affrique, Villefranche et Viviez.

Parmi les industries manufacturières les plus importantes, nous devons signaler d'abord celles dont la matière première est la **laine**. Il existe des *filatures de laine* à Conques, Cornus, Laissac, Laval, Millau, Nant, Rodez, Saint-Affrique, Sainte-Eulalie-de-Rive-d'Olt, Sainte-Geneviève, Saint-Geniez, Saint-Léons, Ségur, Vabre et Vimenet (en tout 15,000 broches) ; des *carderies de laine* à Conques, Espalion, Estaing, Laguiole ; des *fabriques de draps* à Rodez (pour l'armée et l'exportation), Saint-Affrique, Saint-Geniez-d'Olt (drap pour l'armée et l'exportation), Salles-la-Source ; de *cadis* à Saint-Affrique, Saint-Geniez et Rodez ; de *molletons* à Saint-Affrique et à Saint-Geniez ; de *couvertures* à Rodez et à Saint-Geniez (en tout la fabrication des tissus de laine met en mouvement plus de 615 métiers).

La fabrication du fromage forme une branche importante de l'industrie départementale. Le **fromage de Roquefort** se prépare avec du lait de chèvre et de brebis, dans les fermes de ce village et des environs sur un rayon de 20 à 30 kilomètres ; mais c'est dans les caves de la belle montagne (791 mètres) qui domine Roquefort, au sud, que s'achève la fabrication et que le fromage acquiert les qualités supérieures qui le font rechercher. Ces caves, au nombre de 34, dont 23 sont des grottes naturelles, et où règne une température constante de 12°, sont garnies de larges tablettes, recouvertes d'un lit de paille, sur lesquelles des milliers de fromages sont rangés, non à plat, mais de champ, et assez écartés les uns des autres pour que l'on puisse circuler librement et seconder d'une manière uniforme le travail de fermentation. On dit que les fromages de Roquefort doivent leur excellent goût à la nature poreuse de la roche. A Roquefort, le quintal métrique de fromage se vend 100 à 120 francs. La production fromagère de Roquefort donne lieu chaque année à un mouvement d'affaires de 8 millions.

Enfin il existe des *albumineries* à Millau ; des fabriques de *bas* à Saint-Jean-du-Bruel ; des *carrosseries* à Rodez et à Saint-Affrique ; des fabriques de *chandelles* à Espalion et à Laguiole (bougies) ; des *filatures de chanvre* à Villefranche ; des *chapelleries* à Saint-Jean-du-Bruel et à Laguiole ; des fabriques de *chaussures* à Laguiole et à Saint-Sernin ; de *cierges* à Entraygues et à Rodez ; des *clouteries* à Naucelle, Rodez et Réquista; des *filatures de coton* à Saint-Affrique et à Vabres ; 75 fabriques de *gants* à Millau, 3 à Saint-Rome-de-Tarn ; des *imprimeries* à Espalion, Millau, Rodez, Saint-Affrique et Villefranche ; des *papeteries* à Cornus, Montpaon (produisant pour 35,000 francs de papier ou de carton); des *poteries* à Creissels, Espalion, Laissac ; des *saboteries* à Rodez, Saint-Jean-du-Bruel, etc. ; des *scieries mécaniques* à Cassagnes-Bégonhès, Cornus, Rodez, Sainte-Geneviève, Saint-Affrique ; des *tanneries, mégisseries, chamoiseries*, à Aguessac, Cornus, Creyssels, Crespin, Entraygues, Espalion, Millau (26 mégisseries et 15 chamoiseries), Rodez, Saint-Affrique, Sainte-Eulalie, Saint-Geniez, Saint-Rome-de-Tarn, Sévérac-le-Château ; des *teintureries* à Rodez, Saint-Affrique, Millau (pour les peaux), Laguiole, Saint-Geniez, etc. ; des fabriques de *toile* à Villefranche et dans le Ségala ; des *tonnelleries*, à Saint-Jean-du-Bruel, etc.; et enfin une *verrerie* importante à Penchot (verres à vitres) dont le produit annuel est d'environ 1,879,000 francs.

XII. — Commerce, chemins de fer, routes.

L'Aveyron *exporte* de la houille, de la fonte, du fer, des minerais d'argent, du cuivre, du zinc laminé, du verre, du phosphate de chaux, des étoffes de laine, des draps communs, de la soie, des toiles, des cuirs, des gants, des fruits, des champignons, des truffes, des chevaux, des mulets, des bœufs, des moutons, des porcs, des fromages de Laguiole et de Roquefort, des volailles, des œufs, des bois de construction, des merrains et traverses.

Il *importe* des grains, des farines, articles des modes, de librairie, d'ameublement, d'orfèvrerie, de bijouterie, de verrerie, des étoffes et nouveautés, des porcelaines, de la mercerie, du sel, des épices, du sucre, des denrées coloniales, de l'huile, etc.

Le département est traversé par cinq chemins de fer, ayant un développement total de 266 kilomètres.

1° Le chemin de fer *de Paris à Toulouse* entre dans le département de l'Aveyron immédiatement après avoir franchi le Lot en sortant de la station de Capdenac. Il dessert Naussac, Salles-Courbatiès, Villeneuve, Villefranche, Monteils, Najac et, 7 kilomètres plus loin, entre dans le Tarn. Parcours dans le département, 54 kilomètres.

2° Le chemin de fer *de Capdenac à Rodez* se détache de la ligne précédente immédiatement après qu'elle a franchi le Lot. Il des-

sert Saint-Martin-de-Bouillac, Penchot, Viviez, Aubin, Cransac , Auzit
Aussibals, Saint-Christophe, Marcillac, Nuces, Salles–la-Source et Rodez. Parcours, 71 kilomètres.

3° L'embranchement *de Viviez à Decazeville* ne dessert que deux
stations. Parcours, 3 kilomètres. Les trois chemins de fer ci-dessus
sont exploités par la Compagnie d'Orléans ; ceux qui suivent le sont
par la Compagnie du Midi.

4° L'embranchement *de Rodez à Béziers*, prolongement du chemin de fer de Capdenac à Rodez, dessert les stations de Gages, Bertholène, Laissac, Lugan, Gaillac, Recoulès, Sévérac-le-Château, Que-
zaguet, Aguessac, Millau, Peyre, Saint-George-de-Luzençon, Saint-
Rome-de-Cernon, Tournemire, Saint-Jean-et-Saint-Paul, Lauglanet,
Montpaon, et, 4 kilomètres après avoir dépassé le tunnel qui suit
cette dernière station, il entre dans l'Hérault. Parcours, 123 kilomètres.

5ª L'embranchement *de Tournemire à Saint-Affrique* se détache
du chemin de fer précédent à Tournemire, pour desservir Massergues
et Saint-Affrique. Parcours, 15 kilomètres.

Six autres chemins de fer sont en construction ou en projet ; ce
sont ceux : de Meude à Sévérac, d'Albi au Vigan, de Carmaux à Rodez, d'Anduze à Millau, d'Espalion à Bertholène, de Cahors à Capdenac. Ce dernier ne doit traverser le département que sur un parcours
de 7,530 mètres.

Les voies de communication comptent 5,378 kilomètres, savoir :

5 chemins de fer		266 kil.
8 routes nationales.		610
19 routes départementales		876
663 chemins vi-cinaux . . .	21 de grande communica-tion. 700	
	66 de moyenne communi-cation. 1,601	5,577
	576 de petite communi-cation. 2,116	
1 rivière navigable		49

XIII. — Dictionnaire des communes.

Affrique (Saint-), V. de 7,622 h.,
ch.-l. d'arrond., sur la rive dr. de la
Sorgues, dominée par l'imposant rocher de Caylus. ➡➡→ *Église*, édifice
bizarre, où le style ogival est uni à celui de la Renaissance ; extérieurement,
grands cadrans astronomiques. — Ancien *collège* de Jésuites ; somptueuse
chapelle moderne, d'architecture romane. — Jolie *fontaine*. — *Menhir* ;

Saint-Affrique.

dolmens de Truans et *de Boussac* — *Tumuli* dans les environs. — Au Cambon, *église* du XIᵉ s. (sculptures délicates).

Agen, 757 h., c. de Pont-de-Salars.

Aguessac, 1,165 h., c. de Millau.

Albres (Les), 680 h., c. d'Asprières.

Almon, 859 h., c. de Decazeville.

Alpuech, 391 h., c. de Sainte-Geneviève.

Alrance, 906 h., c. de Salles-Curan.

Amans (Saint-), 1,196 h., ch.-l. de c. de l'arr. d'Espalion, à la source d'un affluent de la Truyère.

André (Saint-), 1,669 h., c. de Naac.

André-de-Vezines (Saint-), 515 h., c. de Peyreleau.

Anglars, 1,428 h., c. de Rignac.

Arnac, 599 h., c. de Camarès.

Arques, 510 h., c. de Pont-de-Salars.

Arvieu, 1,538 h., c. de Cassagnes-Bégonhès.

Asprières, 1,156 h., ch.-l. de c. de l'arrond. de Villefranche, non loin du Lot. ⟶ Restes des fortifications.

Aubin, V. de 9,864 h., ch.-l. de c. de l'arrond. de Villefranche, sur l'Ennas, entre les hauts escarpements d'une colline. ⟶ Église très curieuse des XIIᵉ et XVᵉ s. ; bénitier en bronze du XIIIᵉ s. avec bas-reliefs ; sous l'arc triomphal, *trabes* ou poutre soutenant un grand crucifix, du XVᵉ s. — Deux tours ruinées, restes d'un ancien château. — Belle halle couverte.

Aurelle, 1,029 h., c. de Saint-Geniez.

Auriac, 585 h., c. de Cassagnes-Bégonhès.

Auzits, 2,085 h., c. de Rignac.

Ayssènes, 1,219 h., c. de Saint-Rome-de-Tarn.

Balaguier, 502 h., c. de Saint-Sernin.

Balaguier, 536 h., c. d'Asprières. ⟶ Ancien château ruiné. — Vaste grotte, en partie artificielle.

Balzac, 605 h., c. de Marcillac.

Bastide-l'Évêque (La), 2,531 h., c. de Rieupeyroux. ⟶ Gorge profonde d'un affluent de l'Aveyron.

Bastide-Pradines (La), 446 h., c. de Saint-Affrique.

Bastide-Solages (La), 466 h., c. de Saint-Sernin.

Baulize-d'Hirondel (Saint-), 550 h., c. de Cornus.

Beauzely (Saint-), 907 h., ch.-l. de c. de l'arrond. de Millau, au pied du Levezou. ⟶ Ancien château.

Belcastel, 990 h., c. de Rignac. ⟶ Ruines imposantes d'un château.

Belmont, 1,745 h., ch.-l. de c. de l'arrond. de Saint-Affrique, sur une colline dominant la Rance. ⟶ Église du XVIᵉ s. (mon. hist.) ; clocher à flèche, très hardi, de 67 mèt., le plus haut du département après celui de la cathédrale de Rodez ; au sommet, statue de saint Michel.

Bertholène, 1,189 h., c. de Laissac. ⟶ Ruines féodales.

Bessuéjouls, 551 h., c. d'Espalion. ⟶ Église romane.

Boisse-Penchot, 770 h., c. de Decazeville.

Bor-et-Bar, 1,042 h., c. de Najac.

Bouillac, 664 h., c. d'Asprières. ⟶ Ancien château avec tours rondes et carrées, *loggia* de la Renaissance.

Bournazel, 900 h., c. de Rignac. ⟶ Magnifique château de la Renaissance (mon. hist.), récemment restauré ; tours plus anciennes.

Boussac, 931 h., c. de Sauveterre.

Bozouls, 2,558 h., ch.-l. de c. de l'arrond. de Rodez, sur des rochers à pic dominant le Dourdou. ⟶ Site des plus extraordinaires de la France ; gorge du Dourdou ; cascade du Gour d'Enfer. — Grotte traversant une colline. — Église romane.

Brasc, 1,052 h., c. de Saint-Sernin.

Brandonnet, 825 h., c. de Montbazens.

Brommat, 1,515 h., c. de Mur-de-Barrez.

Broquiès, 1,967 h., c. de Saint-Rome-de-Tarn.

Brousse, 878 h., c. de Saint-Rome-de-Tarn. ⟶ Château fort, avec tour romane. — Clocher gothique.

Brusque, 1,301 h., c. de Camarès. ⟶ Château ruiné. — Maisons gothiques.

Buzeins, 602 h., c. de Sévérac-le-Château. ⟶ Murailles romaines ornées de peintures. — Les *Cibourniers*, nom donné à une vingtaine de dolmens.

Cabanès, 875 h., c. de Sauveterre.

Calmels-et-le-Viala, 660 h., c. de Saint-Affrique.

Calmont, 1,585 h., c. de Cassagnes-Bégonhès. »»—→ Sanctuaire vénéré de Notre-Dame de Ceignac, des xv⁰ et

xvi⁰ s.; belles sculptures sur bois; tombeau des d'Arpajon.

Camarès, 2,265 h., ch.-l. de c. de l'arrond. de Saint-Affrique, sur le Dourdou. »»—→ Église romane moderne. — Deux ponts dont l'un fort ancien.

Camboulazet, 772 h., c. de Naucelle. »»—→ Église romane de Saint-

Rocher de Caylus, à Saint-Affrique.

Jean-de-Poujol.— Église Saint-Georges, ressemblant à une forteresse.

Camjac, 1,102 h., c. de Naucelle. »»—→ Gorges du Viaur.

Campagnac, 1.262 h., ch.-l. de c. de l'arrond. de Millau, sur des plateaux dominant la vallée de l'Olt. »»—→ Église du xii⁰s.

Gampouriez, 1,552 h., c. de Saint-Amans.

Campuac, 766 h., c. d'Estaing.

Canet, 725 h., c. de Pont-de-Salars. »»—→ Église en partie romane, partie gothique.

Cantoin, 1,169 h., c. de Sainte-Geneviève.

Capelle-Balaguier (**La**), 627 h., c. de Villeneuve.

Capelle-Bleys (**La**), 1,122 h., c. de Rieupeyroux.

Capelle-Bonance (**La**), 516 h., c. de Campagnac.

Carcenac-Peyralès, 696 h., c. de Sauveterre.

Cassagnes-Bégonhès, 1,260 h., ch.-l. de c. de l'arrond. de Rodez, sur le Séor. ⟶ Restes de fortifications et d'une maison de Templiers.

Cassagnes-Comtaux, 1,501 h., c. de Rignac.

Cassuéjouls, 459 h., c. de Laguiole. ⟶ A 4 kil., château de Cocural, du XIVᵉ s. — A l'Alcorn, château de la Boissonnade, du XVᵉ s.

Castanet, 1,285 h., c. de Sauveterre.

Castelmary, 689 h., c. de la Salvetat. ⟶ Dans l'église, sculptures sur bois remarquables, surtout celles du maitre-autel (XIIIᵉ s.).

Castelnau-de-Mandailles, 1,854 h., c. d'Espalion. ⟶ Église du XIIᵉ s. — Église romane curieuse, à Cambon.

Castelnau-de-Pégayrolles, 996 h., c. de Saint-Beauzely.

Cavalerie (**La**), 1,506 h., c. de Nant. ⟶ Anciens murs d'enceinte.

Cayrol (**Le**), 779 h., c. d'Espalion. ⟶ Tour de Masse, magnifique donjon bâti en 1455.—Dans la gorge du Boraldet, abbaye de Bonneval, restaurée sculpture romane à la porte d'entrée ; belle et curieuse église du XIIᵉ s.

Centrès, 1,628 h., c. de Naucelle.

Chély (**Saint-**), 1,815 h., ch.-l. de c. de l'arrond. d'Espalion, sur la Boralde. ⟶ A Aubrac, ruines d'un hôpital de 1120 (église romane, mon. hist.; beaux débris d'un jubé de la Renaissance.

Christophe (**Saint-**), 1,134 h., c. de Rignac.

Cirq (**Saint-**), 1,058 h., c. de Réquista.

Clairvaux, 1,940 h., c. de Marcillac. ⟶ Belle grotte de Salles-Pinson.

Clapier (**Le**), 436 h., c. de Cornus.

Colombiès, 2,272 h., c. de Sauveterre. ⟶ Deux dolmens.

Combret, 1,165 h., c. de Saint-Sernin.⟶ Restes d'un ancien château. — Église en partie romane et gothique.

Côme (**Saint-**), 1,906 h., c. d'Espalion. ⟶ Belle église du XVᵉ s. renfermant, dans un mausolée, le cœur de Mgr de Frayssinous.—Château de la Renaissance. — Maisons anciennes. — Chapelle romane dans le cimetière.

Compeyre, 804 h., c. de Millau.

Compolibat, 892 h., c. de Montbazens.

Comprégnac, 405 h., c. de Millau. ⟶ Beaux sites des bords du Tarn.

Comps-la-Grand-Ville, 912 h., c. de Cassagnes-Bégonhès. ⟶ Gorges profondes du Viaur.

Concourès, 717 h., c. de Bozouls.

Condom, 1,252 h., c. de Saint-Chély.

Connac, 510 h., c. de Réquista.

Conques, 1,267 h., ch.-l. de c. de l'arrond. de Rodez, dominant la vallée du Dourdou. ⟶ Église, vaste édifice du XIᵉ s., dépendant jadis d'une abbaye de Bénédictins ; sur le tympan de la grande porte occidentale est un très curieux bas-relief représentant le Jugement dernier. De riches enfeux, des XIIᵉ et XIIIᵉ s., sont creusés dans les parois extérieures ; deux tours carrées sur la façade ; tour octogonale sur la coupole. — Le trésor de l'église est aussi célèbre que l'église elle-même ; les 80 objets d'art qui le composent et dont plusieurs remontent, dit-on, à Charlemagne, ont une valeur de plus d'un million : croix processionnelle, tapisseries, reliquaires, statuettes, etc.— Ancien pont à arcades ogivales. — Porte fortifiée du XIIᵉ s.— Ancienne halle.

Cornus, 1,525 h., ch.-l. de c. de l'arrond. de Saint-Affrique, au pied du plateau de Larzac. ⟶ Belle source de la Sorgues à Sorgues.

Costes-Gozon (**Les**), 655 h., c. de Saint-Rome-de-Tarn. ⟶ Château ruiné. — Chapelle du XIᵉ s.

Coubisou, 1,781 h., c. d'Estaing. ⟶ Église romane et ogivale ; belle croix du XVIᵉ s.

Coupiac, 1,450 h., c. de Saint-Sernin. ⟶ Ancien château.

Coussergues, 550 h., c. de Laissac. ⟶ Église romane du XIe s. — Château de Coussergues. — Restes du château de Galinières.

Couvertoirade (La), 812 h., c. de Nant. ⟶ Restes de remparts du XIVe s.

Cransac, 4,468 h., c. d'Aubin. ⟶ Église romane.—A mi-côte s'ouvre une large crevasse qui renferme 18 cratères de houillères enflammées, dont le feu n'est apparent que la nuit.—Étuves naturelles creusées dans les collines du Montet et de Fontaine ; ces grottes ont de 15 à 16 mèt. dans tous les sens ; l'air que l'on y respire est chargé de vapeurs

Église abbatiale de Conques.

sulfureuses ets'élève à une température de 45 à 50° centigrades. Ces vapeurs proviennent de houillères qui sont en feu depuis plusieurs siècles.

Creissels, 800 h., c. de Millau. ⟶ Ruines imposantes d'un château. — Nombreux sites grandioses et pittoresques ; chute d'eau de l'Homède.

Crespin, 1,210 h., c. de la Salvetat.

Cresse (La), 397 h., c. de Peyreleau. ⟶ Profonde gorge du Tarn.

Croix (Sainte-), 1,327 h., c. de Villeneuve.

Cruéjouls, 1,000 h., c. de Laissac. ⟶ Église : chœur et portail romans ; nef gothique.

Curières, 1,091 h., c. de Laguiole.
Cyprien (Saint-), 1,925 h., c. de Conques.
Decazeville, 9,547 h., c. ch.-l. de c. de l'arr. de Villefranche, importante ville industrielle, sur le Rieumort. »»——>Belle église moderne. — Statue de Decazes.
Druelle, 1,594 h., c. de Rodez.
Drulhe, 1,107 h., c. de Montbazens.
Durenque, 1,005 h., c. de Réquista.
Enguialès, 1,504 h., c. d'Entraygues.
Entraygues, 1,925 h., ch.-l. de c. de l'arrond. d'Espalion, au confluent de la Truyère et du Lot ou Olt. »»——> Château converti en pensionnat.—Deux beaux ponts du XIIIᵉ s., l'un sur l'Olt, l'autre sur la Truyère.
Escandolières, 767 h., c. de Rignac.
Espalion, V. de 4,001 h., ch.-l. d'arrond., sur l'Olt, au pied d'une colline. »»——> *Château* ruiné *de Calmont d'Olt* (XIIᵉ et XIVᵉ s.; 2 donjons carrés), sur une colline.— *Église* du XVᵉ s. dominée par un clocher octogonal oblong et par un campanile. — Dans le cimetière, curieuse *église* de Pers (mon. hist.), composée d'une nef, augmentée, au XVᵉ s., de chapelles et d'un transsept. La porte principale, au S., possède un curieux tympan où un bas-relief barbare semble figurer le Jugement dernier. — *Hôtel de ville*, de la Renaissance, flanqué de tourelles et orné d'une *loggia*. — Vieux *pont*, du XIIIᵉ s. — Deux ou trois *maisons* de la Renaissance. — *Tour*, seul débris de l'enceinte fortifiée. — *Prisons* cellulaires. — *Chapelle du Temple*, des XIIᵉ et XVᵉ s., à l'extrémité du faubourg.
Espeyrac, 1,045 h., c. d'Entraygues.
Estaing, 1,704 h., ch.-l. de c. de l'arrond. d'Espalion, sur le Lot ou Olt, au pied du Viadène.»»——> Pont du XIIIᵉ s.—Sur un rocher baigné par l'Olt, château gothique. — A Vinac, église du XIᵉ s.
Eulalie (Sainte-), 1,136 h., c. de Saint-Geniez. »»——> Vieux château. — Église : chœur roman, nef du XVIᵉ s.
Eulalie-de-Larzac (Sainte-), 975 h., c. de Cornus.
Fayet, 1,017 h., c. de Camarès.

Félix-de-Lunel (Saint-), 918 h., c. de Conques.
Félix-de-Sorgues (Saint-), 758 h., c. de Camarès.
Firmi, 2,970 h., c. d'Aubin.
Flagnac, 1,296 h., c. de Decazeville.
Flavin, 1,415 h., c. de Pont-de-Salars.
Florentin (Saint-), 1,259 h., c. de Saint-Amans.»»——> Pierre branlante de Bez-Bédène.
Foissac, 700 h., c. d'Asprières.
Fouillade (La), 2,215 h., c. de Najac.
Gabriac, 1,269 h., c. d'Espalion. »»——> Chapelle du XVIIᵉ s., but de pèlerinage.
Gaillac, 1,228 h., c. de Laissac. »»——> Église romane. — Restes d'un couvent de Bénédictins.
Galgan, 896 h., c. de Montbazens.
Geneviève (Sainte-), 1,633 h., ch.-l. de c. de l'arrond. d'Espalion, sur l'Argence-Vive.
Geniez (Saint-), 3,843 h., ch.-l. de c. de l'arrond. d'Espalion, sur le Lot. »»——> Ancienne église et cloître des Augustins ; dans l'église, mausolée de Mgr de Frayssinous. — Pont de 5 arches.— Hôtel de ville.
George (Saint-), 1,633 h., c. de Millau. »»——> Ancien château de Luzançon.
Gissac, 440 h., c. de Camarès.
Golignac ou **Golinhac**, 1,158 h., c. d'Entraygues.
Graissac, 820 h., c. de Sainte-Geneviève.
Gramond, 817 h., c. de Sauveterre.
Grand-Vabre, 1,420 h., c. de Conques.
Hippolyte (Saint-), 1,911 h., c. d'Entraygues.
Hospitalet (L'), 519 h., c. de Nant.
Huparlac, 607 h., c. de Saint-Amans.
Igest (Saint-), 609 h., c. de Villeneuve.
Izaire (Saint-), 1,261 h., c. de Saint-Affrique. »»——> En face du château de Vabres, ancienne chapelle, carré parfait avec tour centrale très élevée.
Jean-d'Alcapiès (Saint-), 557 h., c. de Saint-Affrique.

Jean-d'Elnous (Saint-), 696 h., c. de Réquista.

Jean-du-Bruel (Saint-), 2,465 h.,

c. de Nant. ⚎⟶ Vieux pont sur la Dourbie.

Jean-et-Saint-Paul (Saint-), 408

Montpaon.

h., c. de Cornus. ⚎⟶ Restes d'un château féodal. — Grotte à ossements.

Juéry (Saint-), 952 h., c. de Saint-Sernin.

Julien-d'Empare (Saint-), 2,896 h., c. d'Asprières. ➤ Restes d'un château.

Juliette (Sainte-), 892 h., c. de Cassagnes-Bégonhès.

Just (Saint-), 1,683 h., c. de Naucelle.

Lacalm, 675 h., c. de Sainte-Geneviève.

Lacroix, 1,710 h., c. de Mur-de-Barrez.

Laguiole, 1,984 h., ch.-l. de c. de l'arrond. d'Espalion. ➤ Église du XVI⁰ s.

Laissac, 1,414 h., ch.-l. de c. de l'arrond. de Millau, au pied de la forêt des Palanges. ➤ Camp retranché. — Vaste caverne.

Lapanouse, 1,195 h., c. de Sévérac-le-Château. ➤ Château féodal de Loupiac. — Église du XI⁰ s.

Lapanouse-de-Cernon, 400 h., c. de Cornus. ➤ Église du XI⁰ s. — Église gothique ruinée. — A Cornuéjouls, Notre-Dame de Vallée-Close, église romane.

Lassouts, 1,090 h., c. d'Espalion, dominant de 350 mèt. les gorges profondes du Lot ou Olt. ➤ Sur une colline haute et escarpée, ancien château de Roquelaure, près duquel est une chapelle romane.

Laurent-de-Levezou (Saint-), 461 h., c. de Vezins.

Laurent-d'Olt (Saint-), 1,985 h., c. de Campagnac.

Laval-Roquecezière, 1,592 h., c. de Saint-Sernin. ➤ Retranchements romains. — Grottes artificielles.

Lavernhe, 722 h., c. de Sévérac-le-Château. ➤ Église ; abside romane. — Monastère ruiné du XII⁰ s.

Ledergues, 1,984 h., c. de Réquista.

Léons (Saint-), 755 h., c. de Vezins. ➤ Monastère ruiné des XII⁰, XIII⁰ et XV⁰ s. — Tombes creusées dans le roc.

Lescure, 700 h., c. de la Salvetat. ➤ Dans l'église, beau bas-relief en bois.

Livinhac-le-Haut, 1,301 h., c. de Decazeville. ➤ Église du XI⁰ s.; 3 absides ; portail orné de riches sculptures.

Loubière (La), 585 h., c. de Bozouls.

Loupiac, 1,139 h., c. d'Asprières.

Luc, 1,170 h., c. de Rodez.

Lugan, 742 h., c. de Montbazens.

Lunac, 1,233 h., c. de Najac.

Malleville, 1,940 h., c. de Montbazens.

Manhac, 940 h., c. de Cassagnes-Bégonhès.

Marcillac, 2,004 h., ch.-l. de c. de l'arrond. de Rodez, sur un affluent du Dourdou. ➤ Église dont le clocher date des XV⁰ et XVII⁰ s. — Sites pittoresques. — Tunnels du chemin de fer de Decazeville.

Marnhagues-et-Latour, 598 h., c. de Cornus.

Martiel, 1,851 h., c. de Villefranche.

Martin-de-Lenne (Saint-), 505 h., c. de Campagnac. ➤ Église à dôme octogonal de 2 étages ; sculptures de l'abside.

Martrin, 1,032 h., c. de Saint-Sernin.

Mélagues, 561 h., c. de Camarès.

Millau, V. de 15,695 h., ch.-l. d'arrond., sur la rive g. du Tarn. ➤ Église *Notre-Dame*, romane, remaniée à la Renaissance (tour octogonale du XVI⁰ ou du XVII⁰ s.); à côté, place entourée de porches dont les colonnes datent du XII⁰ au XVI⁰ s. — Le *beffroi*, tour octogonale gothique, domine l'ancien hôtel de ville, qui date de la Renaissance.— *Église* moderne *de Saint-François*, style du XII⁰ s. — *Auberge de la Réunion*, maison du XVI⁰ s. (corniche romane en damier). — Beaux paysages dans les environs.

Monastère (Le), 600 h., c. de Rodez.

Monsalès, 1,213 h., c. de Villeneuve.

Montagnol, 745 h., c. de Camarès.

Montbazens, 1,604 h., ch.-l. de c. de l'arrond. de Villeneuve, sur une colline dominant un affluent du Lot.

Montclar, 749 h., c. de Saint-Sernin. ➤ Gorges profondes du Tarn (250 mèt.).

Montézic, 965 h., c. de Saint-Amans. ➤ Souterrains creusés par les Anglais au XIV⁰ s.

Cathédrale de Rodez.

Montfranc, 282 h., c. de St-Sernin.

Montjaux, 1,550 h., c. de Saint-Beauzely. ⋙→ Curieuse église du xviie s. — Ruines d'un château.

Montlaur, 960 h., c. de Belmont.

Montpaon, 1,478 h., c. de Cornus. ⋙→ Restes d'un château féodal.

Montpeyroux, 1,716 h., c. de Laguiole.

Montrozier, 1,500 h., c. de Bozouls. ⋙→ Château ruiné des comtes de Rodez; chapelle romane. — Château plus moderne. — Villa romaine.

Morlhon, 1,165 h., c. de Villefranche. ⋙→ Château ruiné, dit le château des Anglais.

Mostuéjouls, 695 h., c. de Peyreleau. ⋙→ Église romane.

Mouret, 1,525 h., c. de Marcillac. ⋙→ Gorges profondes du Dourdou.

Moyrazès, 2,193 h., c. de Rodez, dominant la profonde gorge de l'Aveyron.

Mur-de-Barrez. 1,659 h., ch.-l. de c. de l'arrond. d'Espalion, sur une colline dominant la Bromme. ⋙→ Église des xive et xve s. — Vestiges d'un château.

Murasson, 1,270 h., c. de Belmont.

Muret, 665 h., c. de Marcillac.

Najac, 2,266 h., ch.-l. de c. de l'arrond. de Villeneuve, sur une colline dominant l'Aveyron. ⋙→ Belles ruines d'un château de 1110, rebâti en grande partie au xiiie s.; beau donjon cylindrique. — Église du xiiie s.; curieuses fenêtres. — Fontaine du xive s. Maisons des xiiie, xive et xve s. — Pont de la Frégeaire, sur l'Aveyron (1288).

Nant, 2,624 h., ch.-l. de c. de l'arrond. de Millau, dans une vallée arrosée par la Dourbie et le Durzon. ⋙→ Église (mon. hist.) du xiie s., ayant fait partie d'un monastère. — Église romane de Saint-Alban. — Nombreuses grottes. — Belle source du Durzon.

Naucelle, 1,547 h., ch.-l. de c. de l'arrond. de Rodez, à la source de l'Escudelle. ⋙→ Église de Saint-Martial, en partie romane. — Maisons anciennes.

Naussac, 1,026 h., c. d'Asprières.

Nauviale, 1,203 h., c. de Marcillac. ⋙→ Château de Belcaire.

Nayrac (Le) ou **Neyrac**, 1,329 h., c. d'Estaing.

Noailhac, 658 h., c. de Conques.

Olemps, 676 h., c. de Rodez.

Ols-et-Rignodes, 357 h., c. de Villeneuve.

Onet-le-Château, 1,057 h., c. de Rodez. ⋙→ Château des xie et xve s. — Tumulus à la Roquette. — A Saint-Maime, ruines du château de Gages.

Palmas, 515 h., c. de Loissac. ⋙→ Église (chœur du xiie s.).

Parthem (Saint-), 1,240 h., c. de Decazeville. ⋙→ Dans le trésor de l'église, belle croix du xvie s.

Paulhe, 518 h., c. de Millau. ⋙→ Belle gorge du Tarn.

Peux-et-Couffouleux, 629 h., c. de Camarès.

Peyreleau, 350 h., ch.-l. de c. de l'arrond. de Millau, sur la Jonte. ⋙→ Tour crénelée. — A Balines, église en partie romane et restes d'une église gothique et d'un monastère. — Restes du château de Capluc; chapelle byzantine. — Château de Trialou (dans la chapelle, belles fresques).

Peyrusse, 932 h., c. de Montbazens. ⋙→ Ancienne église. — Restes de fortifications. — Château ruiné.

Pierrefiche, 559 h., c. de Saint-Geniez. ⋙→ Église romane.

Plaisance, 1,063 h., c. de Saint-Sernin. ⋙→ Église romane élégante.

Pomayrols, 847 h., c. de Saint-Geniez.

Pont-de-Salars, 1,510 h., ch.-l. de c. de l'arrond. de Rodez, sur le Viaur, dans une profonde vallée.

Pousthomy, 908 h., c. de Saint-Sernin. ⋙→ Restes d'anciennes fortifications.

Prades, 563 h., c. de Pont-de-Salars.

Prades-d'Aubrac, 1,701 h., c. de Saint-Geniez.

Pradinas, 1,142 h., c. de Sauveterre.

Prohencoux, 835 h., c. de Belmont.

Prévinquières, 995 h., c. de Rieupeyroux.

Privezac, 1,768 h., c. de Montbazens.

Pruines, 1,257 h., c. de Marcillac.

Grande rue de Roquefort.

Quins, 1,981 h., c. de Naucelle.

Radegonde (Sainte-), 549 h., c. de Rodez. ⟶Monuments mégalithiques. — Ruines d'une forteresse du XIVe s.

Rebourguil, 785 h., c. de Belmont.

Recoules-Prévinquières, 1,248 h., c. de Sévérac-le-Château. ⟶ Château gothique restauré, à Recoules. — Ancien château de Varès.

Rémy (Saint-), 413 h., c. de Villeneuve.

Réquista, 3,751 h., ch.-l. de c. de l'arrond. de Rodez, sur la ligne de faîte entre le Tarn et le Viaur.

Rieupeyroux, 2,973 h., ch.-l. de c. de l'arrond. de Villefranche, aux sources du Jaoul et du Liort. ⟶ Église ogivale des XVe et XVIe s.; coupole bizarre. — Découverte de tombeaux gallo-romains (?).

Rignac, 1,950 h., ch.-l. de c. de l'arrond. de Rodez, sur l'Alze.

Rivière, 1,568 h., c. de Peyreleau. ⟶ Caves de Peyrelade, servant à la fabrication du fromage de Roquefort.

Rodelle, 1,726 h., c. de Bozouls. ⟶ Église du XIe s.

Rodez, V. de 13,375 h., ch.-l. du départ. et siège d'un évêché, sur un promontoire dominant l'Aveyron de 120 mèt. ⟶ Restes des *fortifications*, dont plusieurs tours et la majeure partie du mur d'enceinte.—*Cathédrale* (mon. hist.), commencée au XIIIe s., terminée au XVIe trois nefs, transsept, chœur très profond, chapelles rayonnantes et triforium ; façade sans portail, construite vers 1530. Belles portes ogivales des extrémités du transsept. Près du chevet, au N., magnifique tour, bâtie, de 1510 à 1526, par l'architecte Cusset ; ses trois étages sont ornés de baies flamboyantes, de pinacles, de dais et de statues ; une statue colossale de la Vierge, entourée des quatre Évangélistes, occupe le sommet. La hauteur de ce clocher, une des merveilles du midi de la France, est de 82 mèt. A l'intérieur de la cathédrale, on remarque la tribune, un beau jubé très orné (XVe s.), dû à Bertrand de Chalençon et qui a malheureusement été déplacé ; des stalles, richement sculptées. Dans les cha-

pelles : *sarcophage* chrétien du Ve s.; *statue* de la Vierge du XIVe s.; tombeaux de Galhard de Cardaillhac (1359), de Raymond d'Aigrefeuil (1361), de Mgr Delalle, de Mgr Croizier, etc. Dans la chapelle du Jardin des Oliviers, beau bas-relief : l'Agonie de Jésus-Christ; dans un autre chapelle, magnifique saint-sépulcre (Renaissance). — Sur la place, *statue de Samson*. — *Église de Saint-Amans*, du XIe s., reconstruite en 1754. — *Lycée* (porte d'entrée et chapelle de la Renaissance). — *Palais épiscopal* du XVIIe s., agrandi en 1875 (bel escalier ; musée lapidaire). — *Musée* (tableaux et dessins). — Deux vastes *casernes*. — *Maisons* intéressantes des XIIIe, XVe et XVIe s.; la plus remarquable est l'*hôtel d'Armagnac* (XIIe s. et Renaissance). — *Statue de Mgr Affre*, archevêque de Paris. — Plusieurs *ponts* gothiques sur l'Aveyron. — Débris de monuments antiques : *arènes* (substructions au N.-O. de la cathédrale) ; *aqueduc* romain restauré, qui amène dans la ville les eaux du plateau de Vors.

Rome-de-Cernon (Saint-), 1,195 h., c. de Saint-Affrique. ⟶ Tour ruinée.

Rome-de-Tarn (Saint-), 1,701 h., ch.-l. de c. de l'arrond. de Saint-Affrique, sur le Tarn. ⟶ Restes des fortifications. — Statue en bronze de Mgr Affre. — Pont romano-ogival du XIIe s. — Belles grottes. — Cascade de 27 mèt. de hauteur.

Roque-Sainte-Marguerite (La), 837 h., c. de Peyreleau.

Roquefort, 771 h., c. de Saint-Affrique. ⟶ Caves où se fabrique le fromage de Roquefort: elles sont au nombre de 34, dont 23 sont des grottes naturelles ; il y règne une température constante de 12°.

Rouquette (La), 1,242 h., c. de Villefranche. ⟶ A Orlhonac, château restauré ; donjon du XIVe s.; curieux souterrains.

Roussennac, 780 h., c. de Montbazens.

Salles-Courbatiès, 1,089 h., c. d'Asprières.

Salles-Curan, 2,581 h., ch.-l. de

c. de l'arrond. de Millau. ➜ Ancienne église ; vitraux précieux. — Château du XVIᵉ s. — Anciennes maisons.

Salles-la-Source, 2,756 h., c. de Marcillac, dans un des plus beaux sites de la France. ➜ Magnifiques rochers ; cascades ; grottes de la Gorge-au-Loup (longue de 200 mètres) et de Salles (40 mètres en tous sens). — Églises de Saint-Laurent et de Saint-Loup, en parties romanes. — Château ruiné d'Armanhac (souterrains). — Tour, reste du château de la Calmontie. — Dans les environs, abîme du Tindoul (47 mèt. de profondeur, 128 mèt. de tour). — A Veyssières, vieux château. — A Cadayrac, camp ancien. — A Solsac, vaste grotte de Bouche-Roland (100 m. de longueur).

Salmiech, 1,188 h., c. de Cassagnes-Bégonhès. ➜ Château ruiné de la famille de Landore. — A Peyrelevade, pierre branlante.

Salvadou (Saint-), 1,211 h., c. de Rieupeyroux.

Salvagnac-Cajarc, 1,011 h., c. de Villeneuve.

Salvagnac-Saint-Loup, 857 h., c. d'Asprières. ➜ Dolmens dans les environs.

Salvetat (La), 3,436 h., ch.-l. de c. de l'arrond. de Rodez, sur une colline dominant le Vernhon.

Santin (Saint-), 1,203 h., c. de Decazeville.

Sanvensa, 1,563 h., c. de Najac. ➜ Grosse tour, reste d'un château féodal remplacé par un château flanqué de deux tours.

Saturnin (Saint-), 983 h., c. de Campagnac. ➜ Église romane.

Sauclières, 691 h., c. de Nant. ➜ Monuments mégalithiques au Larzac, au Pouget, au Bousquet, à la Combe-du-Faou.

Saujac, 507 h., c. de Villeneuve.

Sauveterre, 1,813 h., ch.-l. de c. de l'arrond. de Rodez, sur le Lézert. ➜ Ancienne bastide carrée à rues perpendiculaires, fondée en 1280. — Place à arcades des XIVᵉ, XVᵉ et XVIᵉ s. — Quatre portes et deux tours fortifiées du XIVᵉ s. — Deux croix de cimetière du XVᵉ s.

Savignac, 770 h., c. de Villefranche.

Ségur, 1,718 h., c. de Vezins. ➜ A Saint-Agnan, église du XIIIᵉ s. — A la Capelle-Bergonhoux, église du XIVᵉ ou du XVᵉ s., but de pèlerinage.

Selve (La), 1,706 h., c. de Réquista. ➜ Vieux château bâti par les Templiers.

Sénergues, 1,621 h., c. de Conques.

Sernin (Saint-), 1,714 h., ch.-l. de c. de l'arrond. de Saint-Affrique, sur la Rance. ➜ Restes d'un château. — Dans l'église, magnifique table de communion et belles sculptures sur bois. — Ancien couvent; tour carrée ; belles sculptures.

Serre, 529 h., c. de Saint-Sernin.

Sever (Saint-), 945 h., c. de Belmont.

Sévérac-le-Château, 2,965 h., ch.-l. de c. de l'arrond. de Millau, en amphithéâtre sur une colline, à 2 kilomètres des sources de l'Aveyron. ➜ Château ruiné. — Église du XIᵉ s., à Saint-Dalmazi. — Grotte (la Cave des Anglais).

Sévérac-l'Église, 510 h., c. de Laissac. ➜ Houillère enflammée.

Sonnac, 913 h. c. d'Asprières. ➜ Château de Lieucamp.

Soulages-Bonneval, 411 h., c. de Laguiole.

Sylvanès, 503 h., c. de Camarès. ➜ Vaste établissement thermal. — Église du XIIᵉ s. (mon. hist.); maître-autel du XVIIᵉ s.; nef large et hardie ; beau réfectoire à deux nefs, reste des bâtiments conventuels.

Symphorien (Saint-), 835 h., c. de Saint-Amans. ➜ Château de Thénières.

Tauriac, 590 h., c. de Camarès.

Tauriac, 1,089 h., c. de Naucelle.

Taussac, 1,292 h., c. de Mur-de-Barrez.

Tayrac, 637 h., c. de la Salvetat.

Terrisse (La), 524 h., c. de Sainte-Geneviève.

Thérondels, 1,406 h., c. de Mur-de-Barrez.

Thouels, 1,215 h., c. de Saint-Rome-de-Tarn.

Toulonjac, 465 h., c. de Villefranche.

Tournemire, 482 h., c. de Saint-Affrique. ➤ Grotte remarquable.

Trémouilles, 1,116 h., c. de Pont-de-Salars.

Truel (Le), 1,217 h., c. de Saint-Rome-de-Tarn.

Vabre, 1,475 h., c. de Rieupeyroux.

Vabres, 1,360 h., c. de Saint-Affrique. ➤ Ancienne cathédrale du XIVᵉ ou du XVᵉ s., remaniée au XVIIIᵉ s.

Vailhourles, 1,491 h., c. de Villefranche.

Valady, 1,501 h., c. de Marcillac.

Valzergues, 501 h., c. de Montbazens.

Vaureilles, 1,037 h., c. de Montbazens.

Verrières, 1,154 h., c. de Saint-Beauzely. ➤ A Vézouillac, église romane.

Verrières, 1,315 h., c. d'Estaing.

Versols-et-Lapeyre, 754 h., c. de Camarès.

Veyreau, 512 h., c. de Peyreleau, dominant de 400 à 500 mèt. les gorges de la Dourbie.

Vabres.

Vezins, 1,852 h., ch.-l. de c. de l'arrond. de Millau, à 2 kilomètres du Viaur naissant. ➤ A Saint-Amans-du-Ram, église en partie romane.

Viala-du-Pas-de-Jaux, 271 h., c. de Cornus.

Viala-de-Tarn, 1,829 h., c. de Saint-Beauzely. ➤ Château.

Vibal (Le), 779 h., c. de Pont-de-Salars.

Victor-et-Melvieu (Saint-), 815 h., c. de Saint-Rome-de-Tarn.

Villecomtal, 1,094 h., c. d'Estaing. ➤ Château transformé en couvent.

Villefranche, V. de 10,124 h., ch.-l. d'arrond., sur la rive dr. de l'Aveyron, au confluent de l'Alzou. ➤ *Église Notre-Dame*, de 1260 à 1581; une seule nef du XVᵉ s., flanquée de chapelles; on remarque : les deux belles roses de l'abside du centre; un énorme clocher inachevé, haut de 58 mèt. et offrant plusieurs étages de

Villefranche.

fenêtres et de balustrades fort riches.
A l'intérieur : chaire en pierre du xv⁰
s.; riches boiseries du chœur (xv⁰ s.)
et quatre tapisseries du xvi⁰ s. —
Église des Augustins (xv⁰ et xvi⁰ s.).
— ¡Les *chapelles des Pénitents Bleus*
et *des Pénitents Noirs* sont des édifices du xvii⁰ s. — Sur la place, belle
maison du xv⁰ s. — Sur la rive g.
de l'Aveyron, ancienne *chartreuse*,
convertie en hospice et qui offre un
ensemble très remarquable d'édifices
du xv⁰ s.; église avec stalles, chapelle
des étrangers, réfectoire avec chaire,
salles et deux cloîtres, le grand avec
les cellules des anciens moines, le
petit avec sa fontaine ; ce dernier
est un chef-d'œuvre. Deux cheminées
du xvi⁰ s., transportées dans l'hospice,
proviennent des maisons de la ville.

— *Ponts* en pierre sur l'Aveyron,
dont un du xiii⁰ s.

Villefranche-de-Panat, 926 h., c.
de Salles-Curan.

Villeneuve, 3,277 h., ch.-l. de c. de
l'arrond. de Villefranche, près du
faîte entre le Lot et l'Aveyron. ⟫⟶
Église à deux absides opposées, des xii⁰
et xiv⁰ s. — Maisons du xv⁰ s. —
Deux portes fortifiées. — Notre-Dame
de Joie, petite église romane. —Château féodal de Rouget.

Villevayre, 964 h., c. de Najac.

Vimenet, 949 h., c. de Laissac.
⟫⟶ Église romane.

Vitrac, 851 h., c. de Sainte-Geneviève.

Viviez, 1,754 h., c. d'Aubin.

Vors, 824 h., c. de Rodez. ⟫⟶
Restes d'un aqueduc romain. — Château de la Vallière.

2114. — Imprimerie A. Lahure, rue de Fleurus, 9, à Paris.

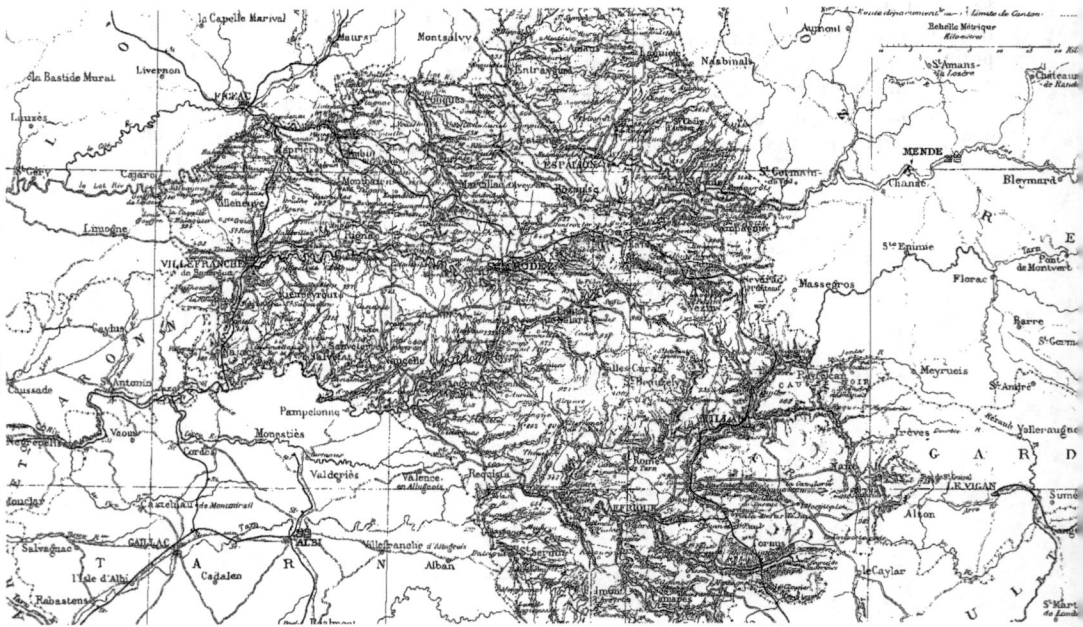

LIBRAIRIE HACHETTE ET Cie

A PARIS, BOULEVARD SAINT-GERMAIN, 79

NOUVELLE COLLECTION DES GÉOGRAPHIES DÉPARTEMENTALES
PAR AD. JOANNE

FORMAT IN-12 CARTONNÉ

Prix de chaque volume .. . . 1 fr.

EN VENTE

Ain	11 gravures,	1 carte.	Indre-et-Loire	21 gravures,	1 carte.	
Aisne	20	—	1 —	Isère	10	—	1 —
Allier	27	—	1 —	Jura	12	—	1 —
Alpes-Maritimes	15	—	1 —	Landes	11	—	1 —
Ardèche	12	—	1 —	Loir-et-Cher	13	—	1 —
Ardennes	11	—	1 —	Loire	16	—	1 —
Ariége	8	—	1 —	Loire-Inférieure	18	—	1 —
Aube	12	—	1 —	Loiret	22	—	1 —
Aude	9	—	1 —	Lot	8	—	1 —
Aveyron	14	—	1 —	Lot-et-Garonne	12	—	1 —
Basses-Alpes	10	—	1 —	Maine-et-Loire	22	—	1 —
Bouch.-du-Rhône	24	—	1 —	Manche	13	—	1 —
Calvados	11	—	1 —	Marne	12	—	1 —
Cantal	14	—	1 —	Mayenne	12	—	1 —
Charente	15	—	1 —	Meurthe — et —			
Charente-Infér	14	—	1 —	Moselle	17	—	1 —
Cher	12	—	1 —	Meuse	9	—	1 —
Corrèze	11	—	1 —	Morbihan	13	—	1 —
Corse	11	—	1 —	Nièvre	9	—	1 —
Côte-d'Or	21	—	1 —	Nord	17	—	1 —
Côtes-du-Nord	10	—	1 —	Oise	10	—	1 —
Deux-Sèvres	11	—	1 —	Orne	13	—	1 —
Dordogne	14	—	1 —	Pas-de-Calais	9	—	1 —
Doubs	13	—	1 —	Puy-de-Dôme	16	—	1 —
Drôme	13	—	1 —	Pyrén.-Orient.	13	—	1 —
Eure	15	—	1 —	Rhône	19	—	1 —
Eure-et-Loir	17	—	1 —	Saône-et-Loire	20	—	1 —
Finistère	16	—	1 —	Sarthe	16	—	1 —
Gard	12	—	1 —	Savoie	14	—	1 —
Gers	11	—	1 —	Seine-et-Marne	13	—	1 —
Gironde	14	—	1 —	Seine-et-Oise	17	—	1 —
Haute-Garonne	12	—	1 —	Seine-Inférieure	15	—	1 —
Haute-Loire	10	—	1 —	Somme	12	—	1 —
Haute-Marne	12	—	1 —	Tarn	11	—	1 —
Haute-Saône	11	—	1 —	Tarn-et-Garonne	8	—	1 —
Haute-Savoie	19	—	1 —	Var	12	—	1 —
Haute-Vienne	11	—	1 —	Vaucluse	16	—	1 —
Hautes-Alpes	18	—	1 —	Vendée	14	—	1 —
Hautes-Pyrénées	14	—	1 —	Vienne	15	—	1 —
Ille-et-Vilaine	14	—	1 —	Vosges	16	—	1 —
Indre	22	—	1 —	Yonne	17	—	1 —

IMPRIMERIE A. LAHURE, RUE DE FLEURUS, 9, A PARIS.